START! 첫걸음

한글 2022

단계별 정복하기

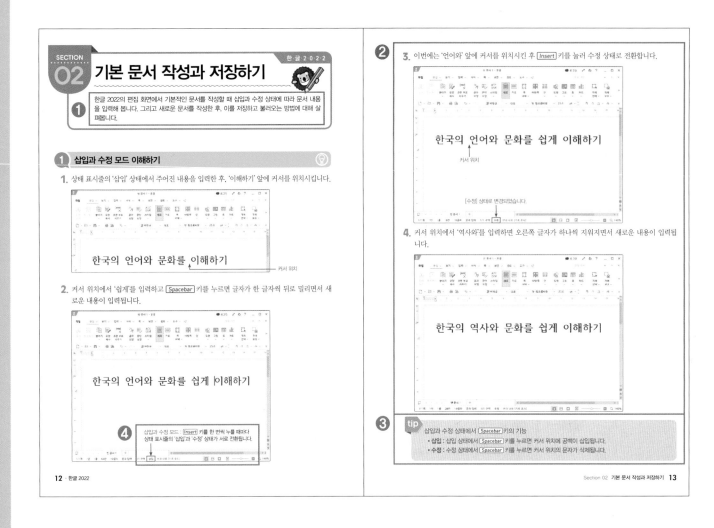

❶ 섹션 설명

해당 단원에서 배울 내용에 대한 전체적인 개념을 짚어줌으로써 단원에 대한 이해도를 증진시키도록 합니다.

❷ 따라하기

본문 내용을 하나씩 따라해 가면서 실습하다 보면 자연스럽게 관련 기능을 이해하여 활용할 수 있도록 하였습니다.

❸ Tip

실습을 따라하는 과정에서 알아두면 도움이 되는 내용 및 저자만이 가지고 있는 다양한 노하우를 제공합니다.

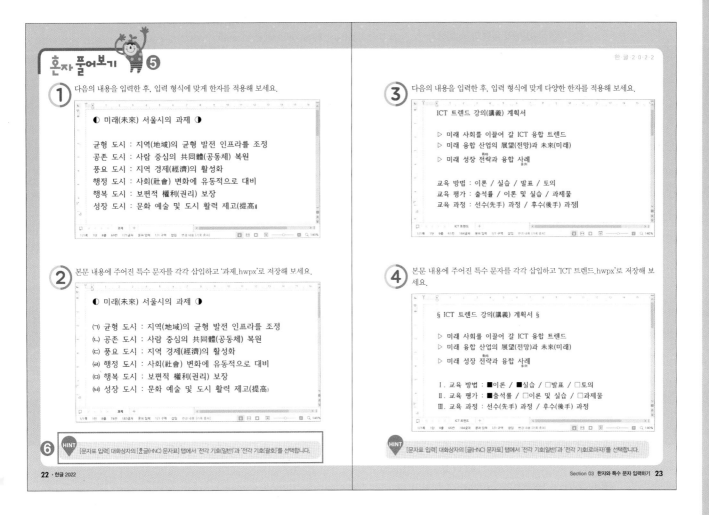

❹ Key point

내용을 좀더 쉽게 이해할 수 있도록 핵심 설명을 달아놓았습니다.

❺ 혼자 풀어보기

본문에서 배운 내용을 다양한 예제를 통하여 실습하면서 확실하게 익힐 수 있도록 실습 문제를 담았습니다.

❻ HINT

혼자 풀어볼 때 도움을 줄 수 있는 핵심 기능을 제공합니다.

한글 2022 시작하기

한글 프로그램은 기본적인 문서를 작성한 후, 사용자가 원하는 스타일로 문서를 편집 및 수정하면서 인쇄할 수 있는 프로그램입니다. 여기에서는 한글 2022 프로그램의 실행과 종료 그리고 화면 구성에 대해 살펴봅니다.

1 한글 2022의 실행과 종료하기

1. 작업 표시줄에서 [시작] 단추를 클릭하고 [한글 2022]를 선택하거나, 바탕 화면에서 한글 2022 바로가기 아이콘(🖼)을 더블클릭합니다.

2. 한글 2022 프로그램이 실행되면서 빈 문서의 한글 초기 화면이 나타납니다.

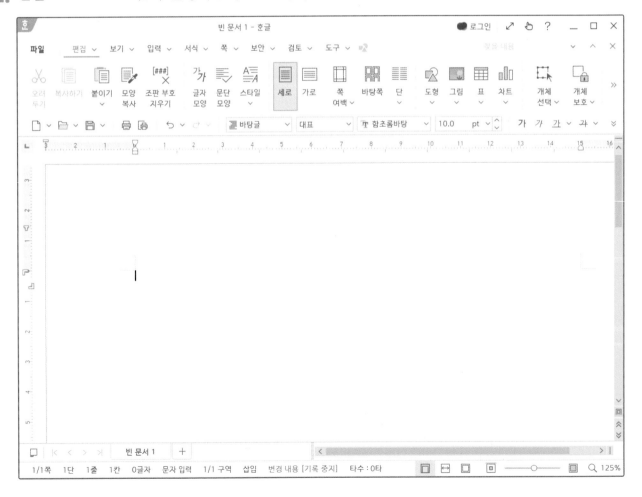

3. 한글 2022 프로그램을 종료하려면 [파일] 탭을 클릭하고 [끝]을 선택하거나, 단축키 Alt +
X 를 누릅니다.

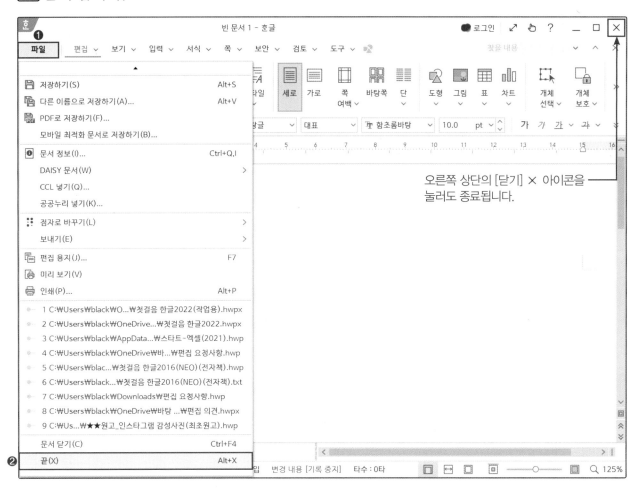

오른쪽 상단의 [닫기] ✕ 아이콘을
눌러도 종료됩니다.

tip

한글 2022로 작성된 문서는 한글 파일임을 인식할 수 있도록 '.hwpx'라는 확장자가 붙어 저장됩니다. 예를 들
어 작성한 문서를 '연습'이란 이름으로 저장하면 '연습.hwpx' 이름으로 저장됩니다.
이전 버전에서는 '.hwp'라는 확장자로 저장됐지만 스마트폰 및 태블릿에서도 불러오기 및 편집할 수 있도록
호환성을 강조하여 변경되었습니다. 이전 버전에서도 'hwpx' 파일을 읽고쓰는 것은 가능합니다.

2 한글 2022 화면 구성

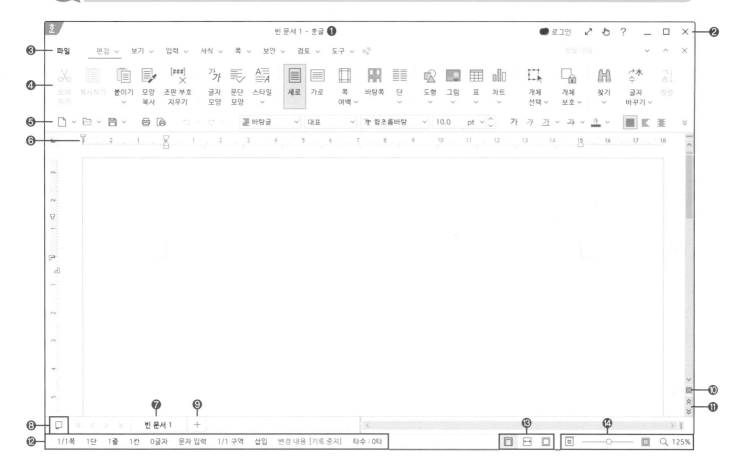

❶ **제목 표시줄** : 현재 문서 파일이 저장된 위치와 파일 이름을 표시합니다.

❷ **창 조절 단추** : 현재 문서 창의 크기를 최소화, 최대화, 이전 크기로 복원, 닫기의 형태로 표시합니다.

최소화 ▬	창을 최소화하여 작업 표시줄에 표시합니다.
최대화 ☐	창의 크기를 최대로 확대하여 표시합니다.
이전 크기로 복원 ❐	창이 최대화된 상태에서 이전 크기로 축소합니다(최대화 되었을 때만 나타납니다).
도움말 ?	한글 2022의 도움말을 볼 수 있도록 도움말 화면이 나타납니다.
끝 ✕	한글 2022 프로그램을 종료합니다.

❸ **메뉴 탭** : 문서 작업에 필요한 다양한 기능을 풀다운 메뉴 형식으로 표시합니다.

하위 메뉴 보이기 ∨	클릭하면 하위 메뉴가 보이기/접기 합니다.
문서 닫기 ✕	현재 문서 창만을 닫기합니다. 위 ❷번에 나오는 [끝] ✕ 아이콘은 한글 2022 프로그램 자체를 종료하는 기능이고, 이곳의 [문서 닫기] ✕ 아이콘은 현재 문서만을 닫는 기능입니다.

❹ **기본 도구 상자** : 자주 사용하는 메뉴를 아이콘 형태로 표시하며, 작업 상황에 따라 그에 맞는 메뉴가 나타납니다.

❺ **서식 도구 상자** : 자주 사용하는 서식 관련 기능을 한 번의 클릭으로 바로 실행할 수 있도록 아이콘으로 표시합니다.

❻ **눈금자** : 탭 위치, 오른쪽/왼쪽 여백, 눈금 단위, 행 길이, 들여쓰기/내어쓰기 등을 설정합니다.

❼ **문서 탭** : 작성 중인 문서의 파일명을 표시합니다. 저장하지 않은 상태일 때는 빨간 글자로, 저장한 상태일 때는 검정 글자로 나타납니다.

❽ **문서 탭 목록** : 열려 있는 문서 탭의 이름을 표시합니다.

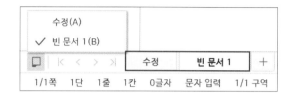

❾ **새 탭** : 새로운 문서 탭을 삽입합니다.

❿ **보기 선택 아이콘** : 쪽 윤곽, 문단 부호/조판 부호/투명 선 보이기/숨기기, 격자 설정, 찾기, 쪽/구역/줄 찾아가기, 스타일/조판 부호/책갈피/개체 찾아가기 설정 등의 기능을 선택할 수 있습니다.

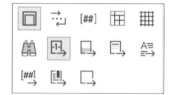

⓫ **쪽 이동 단추** : 작성 중인 문서가 여러 쪽일 때 쪽(페이지) 단위로 이동합니다.

⓬ **상태 표시줄** : 편집 화면의 여러 정보가 표시되는 줄로 커서 위치, 쪽 번호, 삽입/ 수정 상태 등을 표시합니다.

⓭ **문서 보기** : 현재 문서 화면을 전체 화면, 쪽 윤곽, 폭 맞춤, 쪽 맞춤 형태로 보여줍니다.

쪽 윤곽 🔲	용지 여백, 머리말/꼬리말, 쪽 테두리 등 해당 쪽에서 인쇄될 모든 내용과 모양을 화면으로 직접 보면서 편집할 수 있습니다.
폭 맞춤 ↔	편집 용지의 너비가 문서 창의 너비에 맞도록 축소하거나 확대합니다.
쪽 맞춤 🔲	편집 용지의 한 쪽 분량을 한 화면에서 모두 볼 수 있는 비율로 축소하거나 확대합니다.

⓮ **확대/축소** : 현재 문서 화면의 크기를 원하는 크기로 조절할 수 있습니다.

축소　확대/축소 슬라이더　확대　확대ㆍ축소 비율

확대ㆍ축소 슬라이더	마우스로 드래그하여 화면의 크기를 조절합니다.
확대/축소 비율	클릭하면 [확대/축소] 대화상자가 나타나서 비율을 정할 수 있습니다.
축소	클릭할 때마다 화면의 크기 비율을 5% 단위로 축소합니다.
확대	클릭할 때마다 화면의 크기 비율을 5% 단위로 확대합니다.

1. 화면에서 기본 도구 상자를 숨기려면 [보기] 탭의 펼침(∨) 단추를 클릭하고, [도구 상자]−[기본]을 선택하여 체크 표시를 해제합니다.

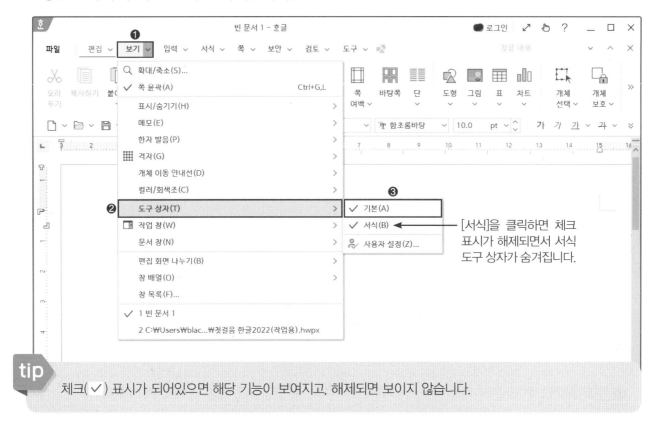

[서식]을 클릭하면 체크 표시가 해제되면서 서식 도구 상자가 숨겨집니다.

tip 체크(∨) 표시가 되어있으면 해당 기능이 보여지고, 해제되면 보이지 않습니다.

2. 다시 기본 도구 상자를 표시하려면 [보기] 탭의 펼침(∨) 단추를 클릭하고, [도구 상자]−[기본]을 선택하여 체크 표시를 합니다.

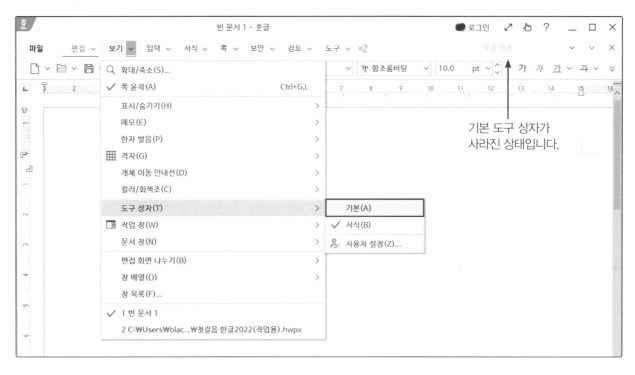

기본 도구 상자가 사라진 상태입니다.

3. 화면의 쪽 윤곽을 해제하려면 [보기] 탭의 펼침(⌄) 단추를 클릭하고 [쪽 윤곽]을 선택합니다.

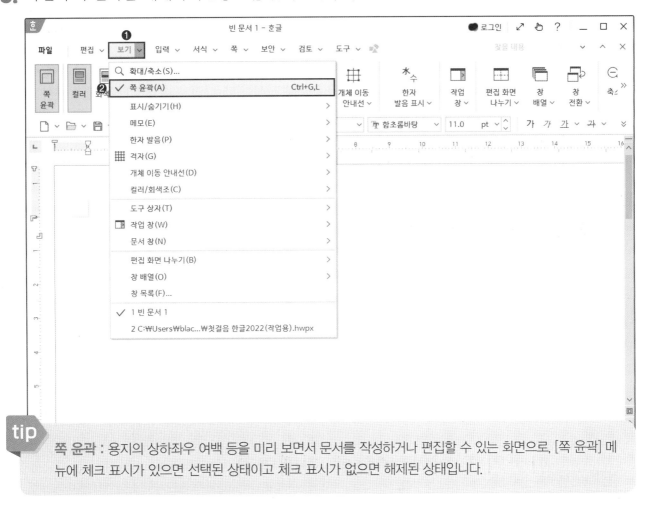

tip

쪽 윤곽 : 용지의 상하좌우 여백 등을 미리 보면서 문서를 작성하거나 편집할 수 있는 화면으로, [쪽 윤곽] 메뉴에 체크 표시가 있으면 선택된 상태이고 체크 표시가 없으면 해제된 상태입니다.

4. 그 결과 쪽 윤곽이 해제된 넓은 작업 화면이 나타납니다.

기본 문서 작성과 저장하기

한글 2022의 편집 화면에서 기본적인 문서를 작성할 때 삽입과 수정 상태에 따라 문서 내용을 입력해 봅니다. 그리고 새로운 문서를 작성한 후, 이를 저장하고 불러오는 방법에 대해 살펴봅니다.

1 삽입과 수정 모드 이해하기

1. 상태 표시줄의 '삽입' 상태에서 주어진 내용을 입력한 후, '이해하기' 앞에 커서를 위치시킵니다.

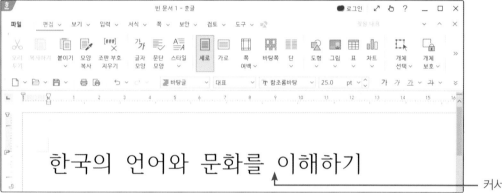

커서 위치

2. 커서 위치에서 '쉽게'를 입력하고 Spacebar 키를 누르면 글자가 한 글자씩 뒤로 밀리면서 새로운 내용이 입력됩니다.

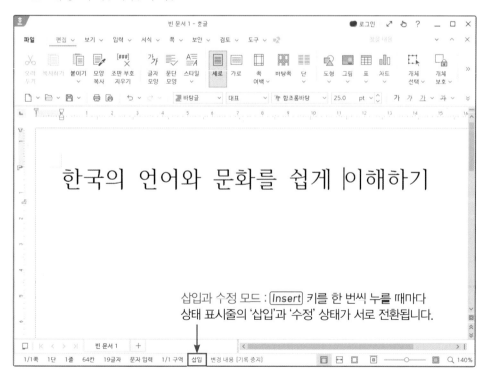

삽입과 수정 모드 : Insert 키를 한 번씩 누를 때마다
상태 표시줄의 '삽입'과 '수정' 상태가 서로 전환됩니다.

3. 이번에는 '언어와' 앞에 커서를 위치시킨 후 [Insert] 키를 눌러 수정 상태로 전환합니다.

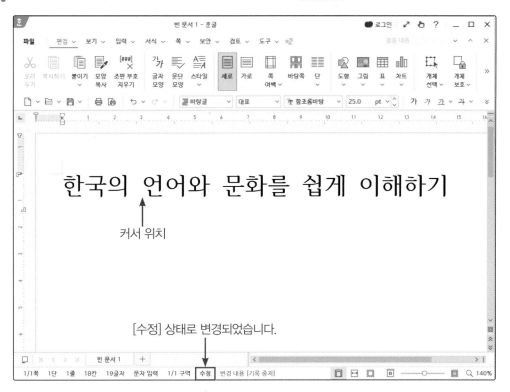

4. 커서 위치에서 '역사와'를 입력하면 오른쪽 글자가 하나씩 지워지면서 새로운 내용이 입력됩니다.

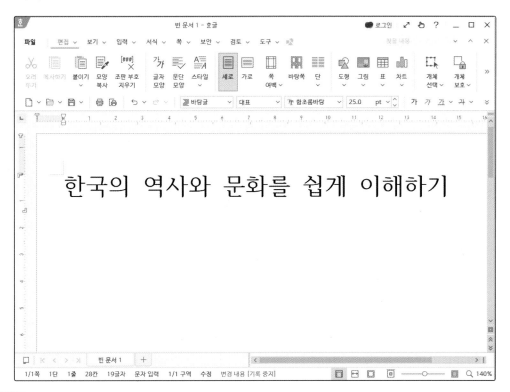

tip 삽입과 수정 상태에서 [Spacebar] 키의 기능
- **삽입** : 삽입 상태에서 [Spacebar] 키를 누르면 커서 위치에 공백이 삽입됩니다.
- **수정** : 수정 상태에서 [Spacebar] 키를 누르면 커서 위치의 문자가 삭제됩니다.

1. 작성한 문서를 저장하려면 [파일] 탭을 클릭하고 [저장하기]를 선택하거나, 서식 도구 상자에서 저장하기(🖫) 아이콘을 클릭합니다.

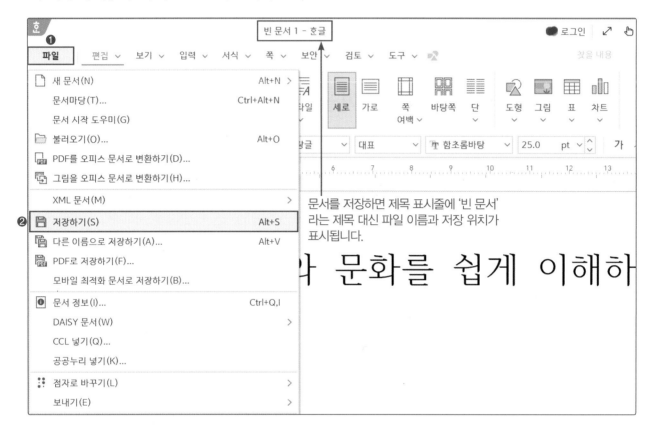

문서를 저장하면 제목 표시줄에 '빈 문서'라는 제목 대신 파일 이름과 저장 위치가 표시됩니다.

2. [다른 이름으로 저장하기] 대화상자가 나타나면 저장하려는 폴더를 선택한 후, 파일 이름을 '한국'으로 입력하고 [저장] 단추를 클릭합니다. 저장이 완료된 후, [파일] 탭의 [문서 닫기]를 누르면 작성한 파일이 닫혀지면서 초기 화면 상태가 됩니다.

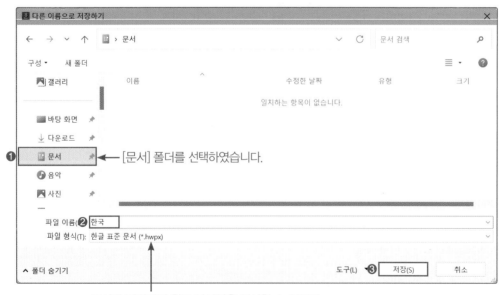

[문서] 폴더를 선택하였습니다.

문서를 저장하면 한글 파일임을 인식할 수 있도록 '.hwpx'라는 확장자가 붙어 저장됩니다.

3. 저장한 문서를 다시 불러오려면 [파일] 탭을 클릭하고 [불러오기]를 선택하거나, 서식 도구 상자에서 불러오기(📁) 아이콘을 클릭합니다.

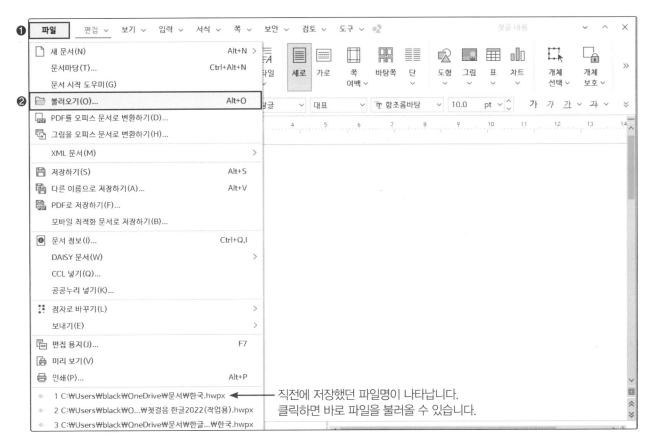

직전에 저장했던 파일명이 나타납니다.
클릭하면 바로 파일을 불러올 수 있습니다.

4. [불러오기] 대화상자가 나타나면 찾는 위치는 [문서] 폴더를 지정하고, '한국' 파일을 선택한 후 [열기] 단추를 클릭합니다.

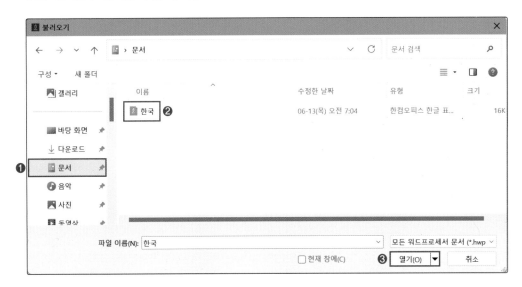

혼자 풀어보기

① 화면에 주어진 내용을 입력한 후, '해킹.hwpx'로 저장해 보세요.

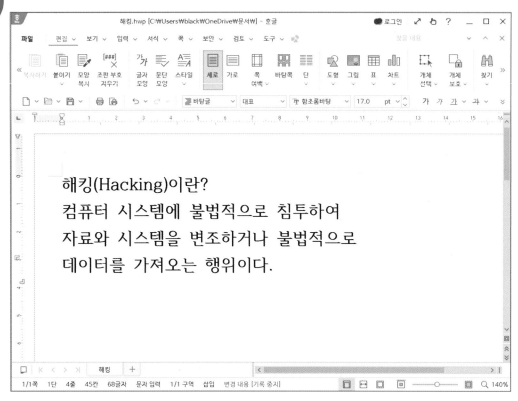

② '해킹.hwpx' 파일에서 삽입과 수정 모드를 이용하여 해당 부분의 내용을 수정해 보세요.

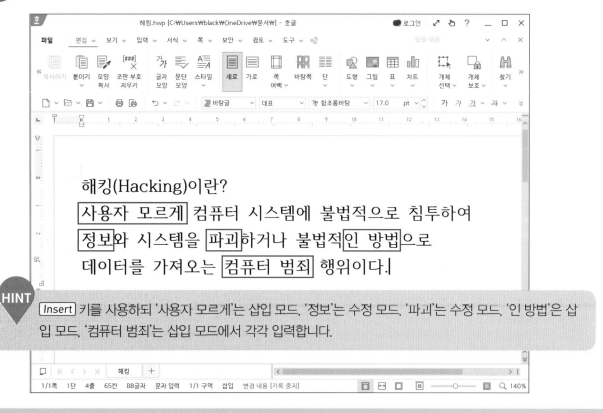

> **HINT** Insert 키를 사용하되 '사용자 모르게'는 삽입 모드, '정보'는 수정 모드, '파괴'는 수정 모드, '인 방법'은 삽입 모드, '컴퓨터 범죄'는 삽입 모드에서 각각 입력합니다.

③ 화면에 주어진 내용을 입력하여 '바이러스.hwpx'로 저장한 후, 문서 닫기를 해보세요.

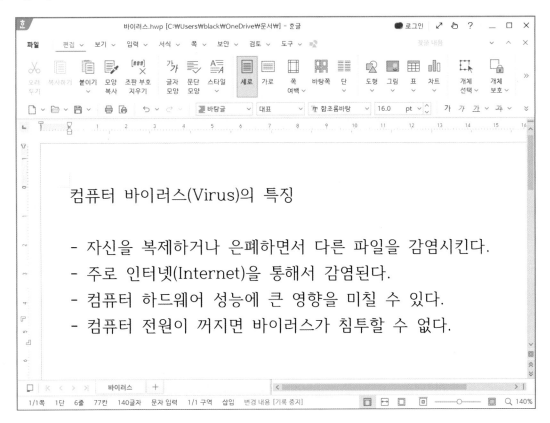

④ 현재 화면에서 앞서 저장한 '해킹.hwpx' 파일을 다시 불러오기 해보세요.

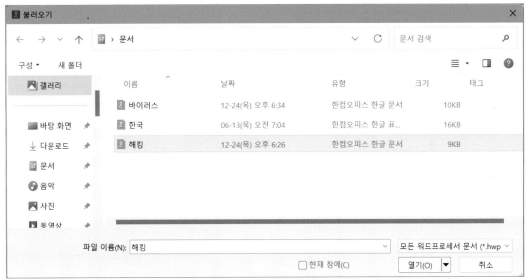

SECTION 03 한자와 특수 문자 입력하기

문서 내용을 입력하면서 한자와 함께, 다양한 특수 문자(기호)를 원하는 문서 위치에 삽입(입력)하는 방법에 대해 살펴봅니다.

1 한자 입력하기

1. 화면에 주어진 문서 내용을 입력한 후, 'IT 창업가.hwpx'로 저장합니다.

> IT 창업가 양성 교육
>
> IT 기업은 성장 가능성을 바탕으로 도전 정신을 갖춘 기업입니다.
> 특히, 연구 개발의 비중이 매우 높다는 특징을 가지고 있습니다.
>
> 일정 : 2025. 3. 10(수) / 09:00 ~ 15:30
> 장소 : IT창업센터 5층
> 인원 : 30명(선착순)
> 대상 : 초보 IT 창업가
>
> IT 창업가 +

2. '양성' 뒤에 커서를 위치시킨 후, [편집] 탭에서 글자 바꾸기() 아이콘을 클릭하고 [한자로 바꾸기]를 선택합니다.

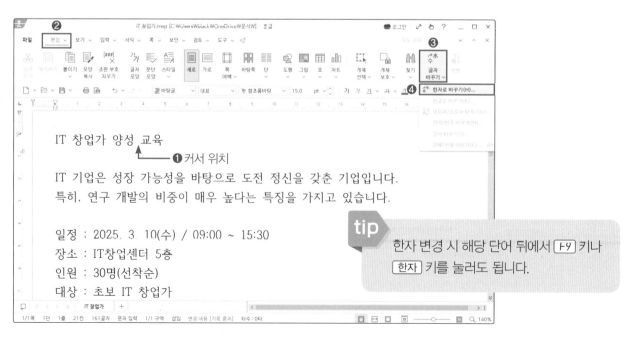

tip 한자 변경 시 해당 단어 뒤에서 F9 키나 한자 키를 눌러도 됩니다.

3. [한자로 바꾸기] 대화상자가 나타나면 해당 '한자'와 '입력 형식'을 각각 선택하고 [바꾸기] 단추를 클릭합니다.

체크하여 선택하면 한글(한자) 형식으로 변환됩니다.

한자만 표시하고 싶을 때는 이곳을 선택합니다.

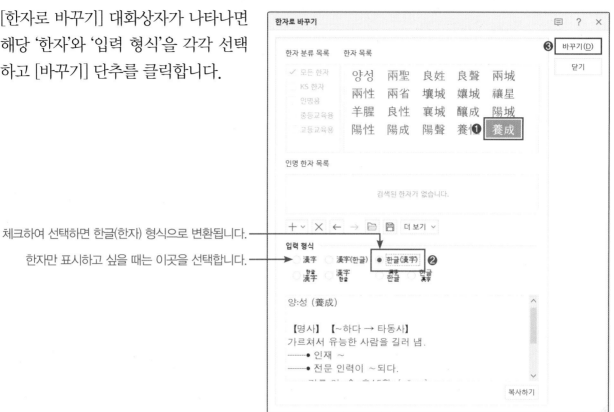

4. 동일한 방법으로 주어진 단어들을 입력 형식에 맞추어 해당 한자로 각각 변경합니다.

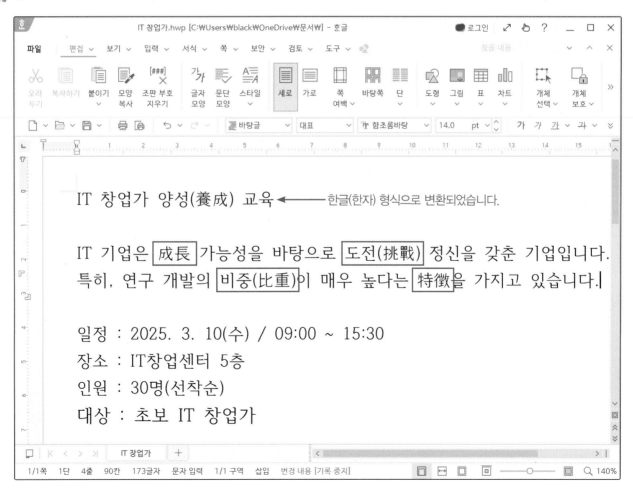

2 특수 문자 입력하기

1. 특수 문자를 입력하기 위하여 제목 앞에 커서를 위치시킨 후, [입력] 탭의 펼침(∨) 단추를 클릭하고 [문자표]를 선택합니다.

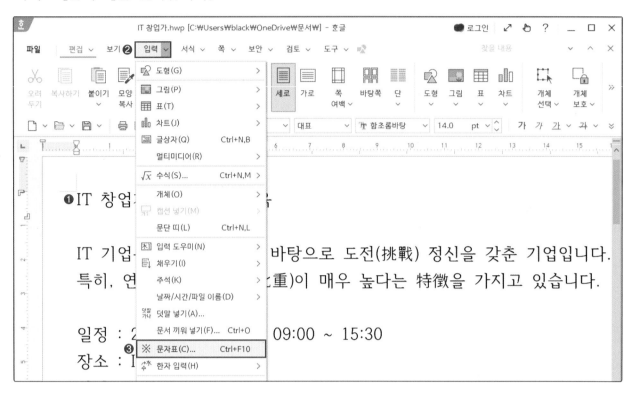

2. [문자표 입력] 대화상자가 나타나면 [한글(HNC) 문자표] 탭에서 문자 영역은 '전각 기호(일반)'을 선택하고, 원하는 모양의 특수 문자(◎)를 선택한 후 [넣기] 단추를 클릭합니다.

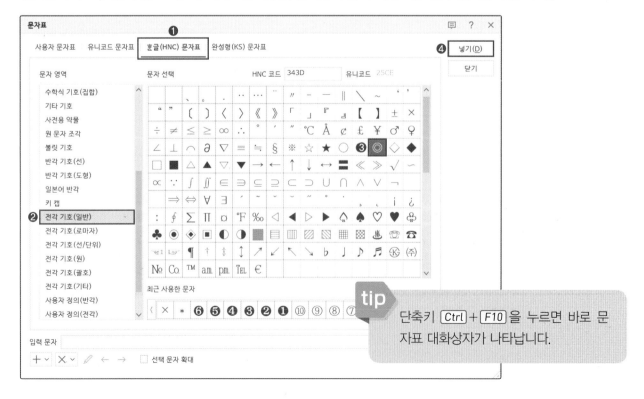

tip

단축키 Ctrl + F10 을 누르면 바로 문자표 대화상자가 나타납니다.

3. 동일한 방법으로 제목 끝에도 해당 특수 문자를 삽입하되, 제목 앞/뒤의 사이 간격은 `Spacebar` 키를 한 번씩 눌러 띄워줍니다.

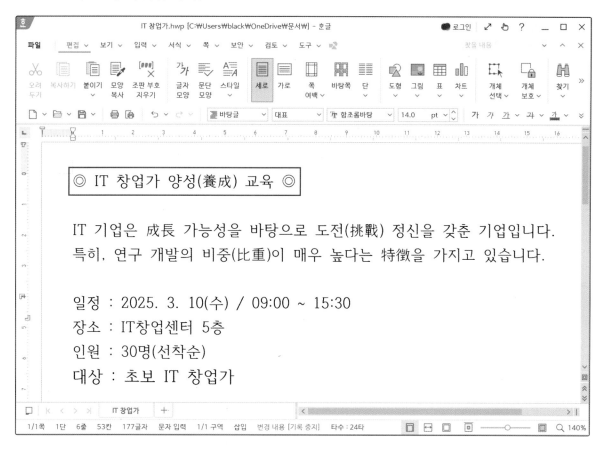

4. 이번에는 '일정, 장소, 인원, 대상' 앞에 커서를 위치시킨 후, [문자표 입력] 대화상자에서 문자 영역은 '전각 기호(원)', 문자 선택은 '①, ②, ③, ④'를 각각 순차대로 선택하고 [넣기] 단추를 클릭하여 완성합니다(완성파일 : IT창업가.hwpx).

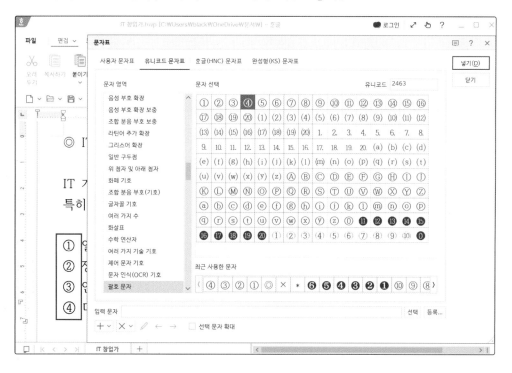

혼자 풀어보기

1 다음의 내용을 입력한 후, 입력 형식에 맞게 한자를 적용해 보세요.

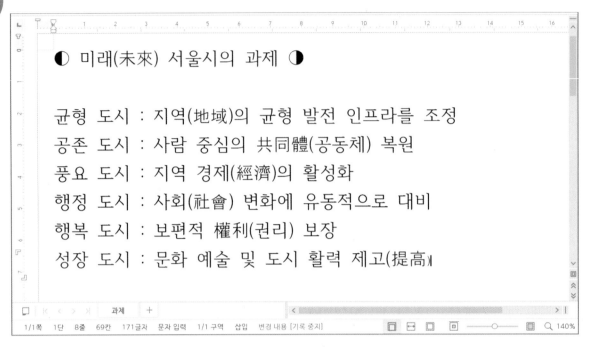

◐ 미래(未來) 서울시의 과제 ◐

균형 도시 : 지역(地域)의 균형 발전 인프라를 조정
공존 도시 : 사람 중심의 共同體(공동체) 복원
풍요 도시 : 지역 경제(經濟)의 활성화
행정 도시 : 사회(社會) 변화에 유동적으로 대비
행복 도시 : 보편적 權利(권리) 보장
성장 도시 : 문화 예술 및 도시 활력 제고(提高)

1/1쪽   1단   8줄   69칸   171글자   문자 입력   1/1 구역   삽입   변경 내용 [기록 중지]   140%

2 본문 내용에 주어진 특수 문자를 각각 삽입하고 '과제.hwpx'로 저장해 보세요.

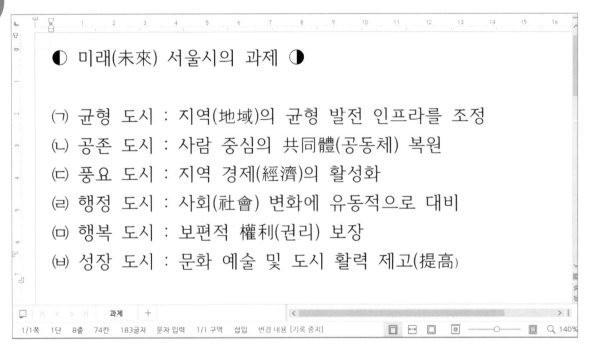

◐ 미래(未來) 서울시의 과제 ◐

㉠ 균형 도시 : 지역(地域)의 균형 발전 인프라를 조정
㉡ 공존 도시 : 사람 중심의 共同體(공동체) 복원
㉢ 풍요 도시 : 지역 경제(經濟)의 활성화
㉣ 행정 도시 : 사회(社會) 변화에 유동적으로 대비
㉤ 행복 도시 : 보편적 權利(권리) 보장
㉥ 성장 도시 : 문화 예술 및 도시 활력 제고(提高)

1/1쪽   1단   8줄   74칸   183글자   문자 입력   1/1 구역   삽입   변경 내용 [기록 중지]   140%

HINT [문자표 입력] 대화상자의 [한글(HNC) 문자표] 탭에서 '전각 기호(일반)'과 '전각 기호(괄호)'를 선택합니다.

③ 다음의 내용을 입력한 후, 입력 형식에 맞게 다양한 한자를 적용해 보세요.

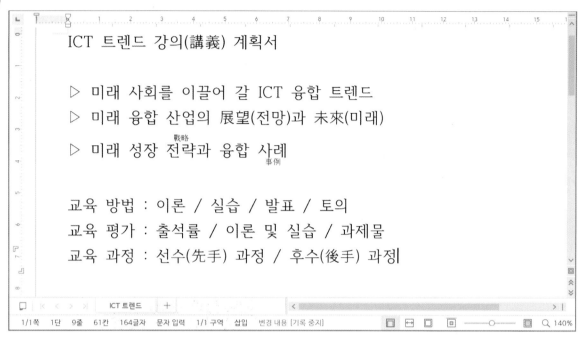

④ 본문 내용에 주어진 특수 문자를 각각 삽입하고 'ICT 트렌드.hwpx'로 저장해 보세요.

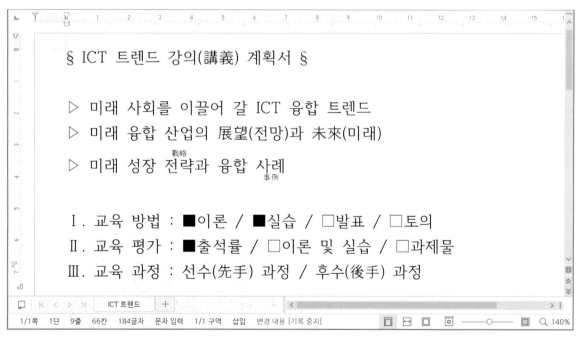

[문자표 입력] 대화상자의 [글(HNC) 문자표] 탭에서 '전각 기호(일반)'과 '전각 기호(로마자)'를 선택합니다.

블록 설정과 글자 모양 지정하기

한·글·2·0·2·2

문서 내용의 원하는 부분에 다양한 글꼴 서식(글꼴, 크기, 장평, 자간, 글자 색, 음영 색 등)을 적용하면 보다 멋있는 문서가 될 수 있습니다. 이번 단원에서는 글자 속성을 변경하는 방법에 대해 살펴봅니다.

1 블록 설정하기

1. 다운받은 소스 파일의 [4단원] 폴더에서 '태양에너지.hwpx' 파일을 불러온 다음, 블록을 설정하고 싶은 줄의 앞 여백 부분을 클릭합니다. 그러면 해당 줄이 블록으로 다음과 같이 지정됩니다.

이 곳을 클릭합니다.

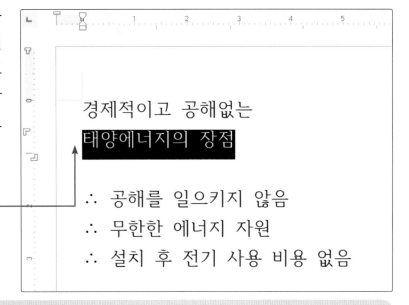

tip

범위를 지정할 부분을 마우스로 드래그해도 블록 지정이 됩니다.

2. 편집 화면 아무 곳이나 클릭하면 블록이 해제됩니다. 마우스를 이용하면 좀더 편리하게 블록을 설정할 수 있습니다. 다음과 같이 여러 줄을 블록 설정하고 싶으면 블록 시작 위치부터 끝나는 부분까지 드래그 합니다.

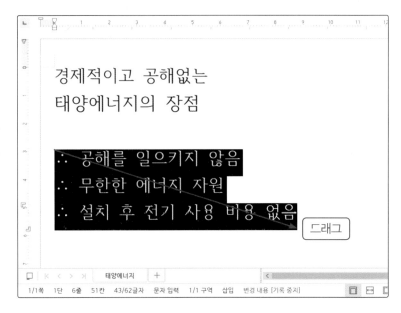

2 글자 모양 바꾸기

1. 문서 전체를 블록 설정하려면 [편집] 메뉴의 펼침(∨) 단추를 클릭하여 [모두 선택]을 클릭합니다.

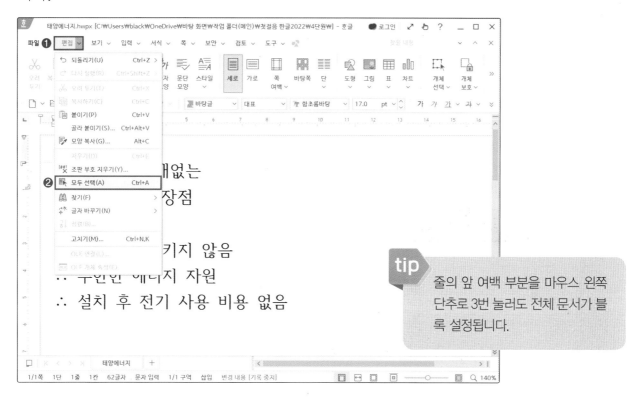

> **tip**
> 줄의 앞 여백 부분을 마우스 왼쪽 단추로 3번 눌러도 전체 문서가 블록 설정됩니다.

2. 서식 도구 상자에서 글꼴 펼침(∨) 단추를 클릭하여 '한컴돋움'을 선택한 다음, 글자 크기 란에 '15'를 입력하고 [Enter] 키를 누릅니다. 그러면 전체 글자가 지정한 양식으로 변경됩니다.

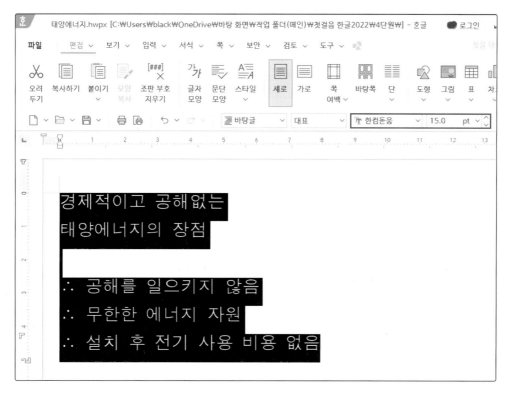

3. '태양 에너지의 장점'을 마우스로 드래그하여 블록 설정한 다음, [서식] 메뉴의 펼침(∨) 단추를 클릭하여 [글자 모양]을 선택합니다.

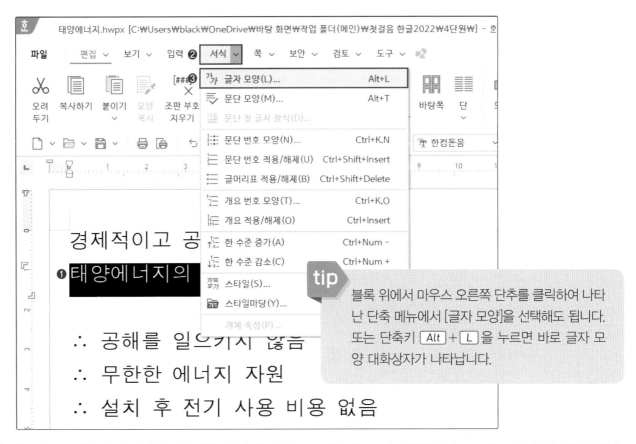

4. [글자 모양] 대화상자의 [기본] 탭에서 기준 크기는 '20pt', 글꼴은 'HY헤드라인M', 글자색은 '주황(RGB: 255,132,58) 25% 어둡게'로 지정하고 [설정]을 클릭합니다.

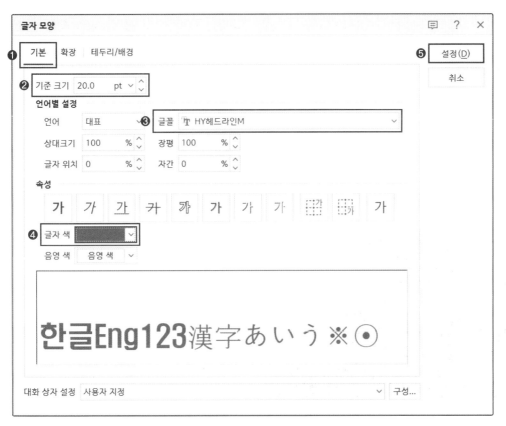

5. '경제적'을 블록 설정한 다음, [서식] 메뉴의 펼침(∨) 단추를 클릭하여 [글자 모양]을 선택합니다. [글자 모양] 대화상자가 나타나면 [기본] 탭에서 글자 속성은 '진하게', '기울임'을 클릭하고, 음영색은 '초록(RGB: 40,155,110) 40% 밝게'로 지정한 다음 [설정]을 클릭합니다.

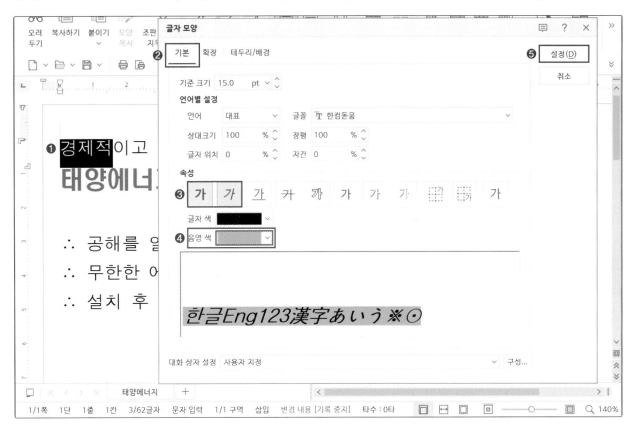

6. 같은 방법으로 다음과 같이 글꼴 서식을 설정하여 문서를 완성합니다.

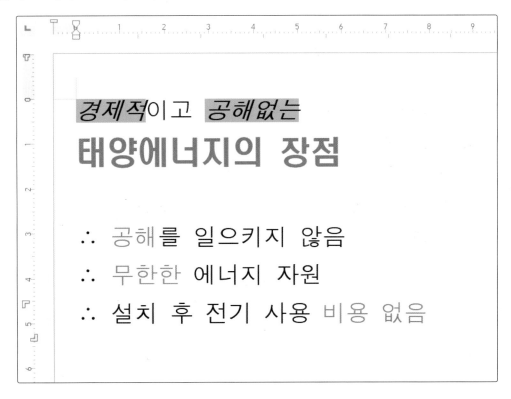

혼자 풀어보기

① '교육안내.hwpx' 파일을 불러와 원하는 글꼴과 글자색을 지정해 보세요.

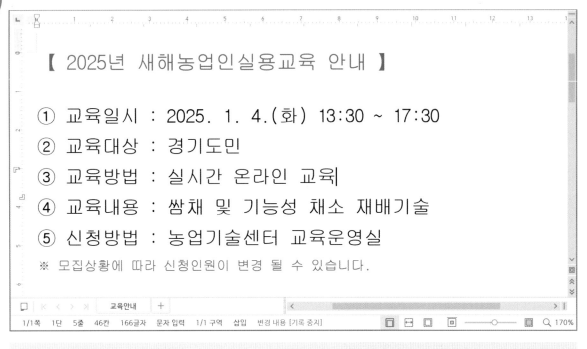

• 제목 : 굴림, 15pt, 초록, 본문 : 굴림, 14pt, 참고 : 굴림, 10pt, 빨강

② 다음과 같이 음영과 진하게 속성을 설정하여 문서를 완성해 보세요.

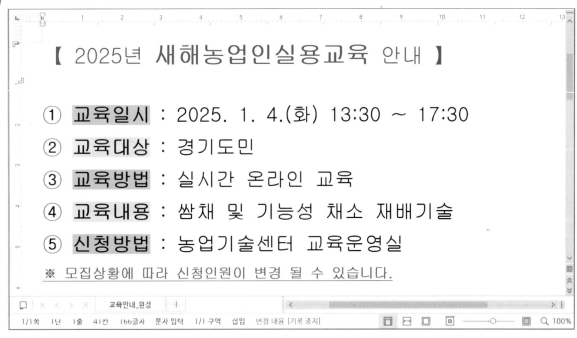

▲완성파일 : 교육안내_완성.hwp

3 '생체.hwpx' 파일을 불러와 원하는 글자 속성을 지정해 보세요.

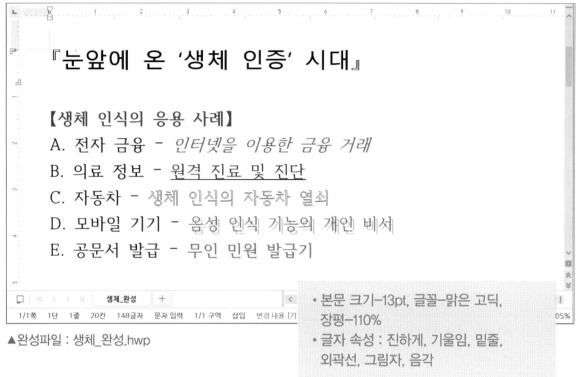

▲완성파일 : 생체_완성.hwp

- 본문 크기-13pt, 글꼴-맑은 고딕, 장평-110%
- 글자 속성 : 진하게, 기울임, 밑줄, 외곽선, 그림자, 음각

4 '빅테이터.hwpx' 파일을 불러와 원하는 글꼴과 크기, 글자색을 지정해 보세요.

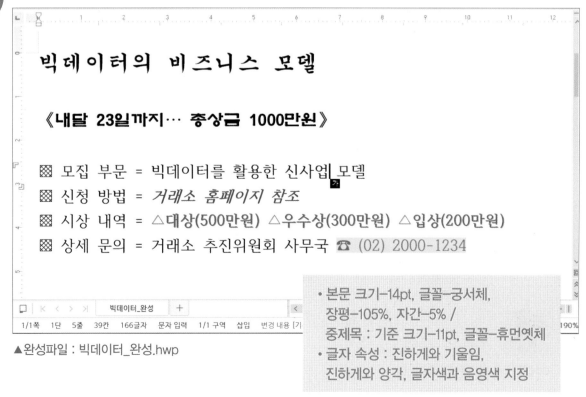

▲완성파일 : 빅데이터_완성.hwp

- 본문 크기-14pt, 글꼴-궁서체, 장평-105%, 자간-5% / 중제목 : 기준 크기-11pt, 글꼴-휴먼옛체
- 글자 속성 : 진하게와 기울임, 진하게와 양각, 글자색과 음영색 지정

SECTION 05 문단 첫 글자 장식하기

한·글·2·0·2·2

문단 첫 글자 장식은 문단 시작의 첫 번째 글자를 크게 만들어 강조 효과를 주는 기능입니다. 여기에서는 모양과 글꼴 및 테두리를 활용하여 멋진 장식 효과를 적용하는 방법에 대해 살펴 봅니다.

1 문단 첫 글자 만들기

1. '농촌.hwpx' 파일을 불러온 후, 첫 번째 글자인 '현'자 앞을 클릭하여 커서가 나타난 상태에서 [서식] 탭의 펼침(⌄) 단추를 클릭하고 [문단 첫 글자 장식]을 선택합니다.

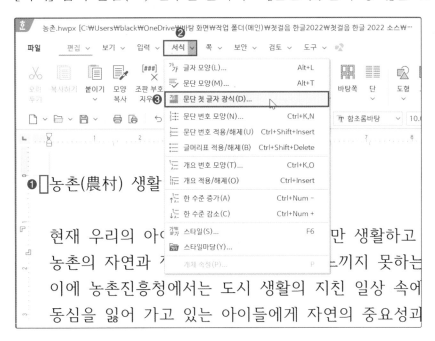

2. [문단 첫 글자 장식] 대화상자가 나타나면 모양은 '2줄', 글꼴은 '궁서체', 면색은 '노 랑(RGB: 255,255,0)'을 각각 지정하고 [설 정] 단추를 클릭합니다.

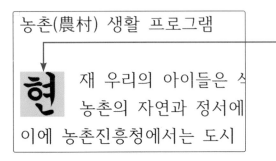

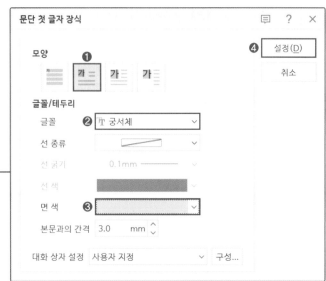

1. 문단 첫 글자 장식의 색상을 변경하기 위하여 해당 글자를 블록 지정한 후, 서식 도구 상자에서 글자 색(가) 아이콘의 펼침(﹀) 단추를 클릭하고, '빨강(RGB: 255,0,0)'을 선택합니다.

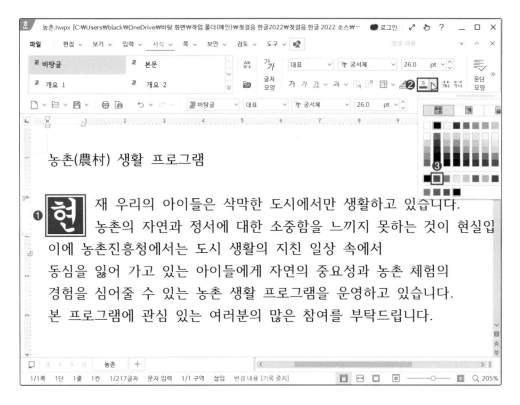

2. 그 결과 블록을 해제하면 문단 첫 글자의 색상이 변경된 것을 확인할 수 있습니다.

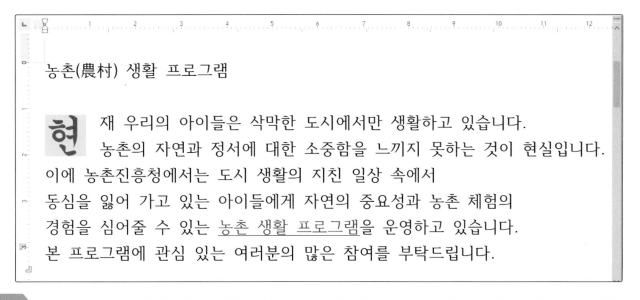

> **tip**
>
> **문단 첫 글자 모양 종류**
> - 줄 : 글자를 문단의 왼쪽 끝에 맞추고, 나머지 본문은 글자 오른쪽에 2줄만 걸치도록 배열합니다.
> - 3줄 : 글자를 문단의 왼쪽 끝에 맞추고, 나머지 본문은 글자 오른쪽에 3줄만 걸치도록 배열합니다.
> - 여백 : 글자의 크기를 '3줄'과 같은 크기로 만들어 문단의 왼쪽 여백 바깥쪽에 배열합니다.

① '협상.hwpx' 파일을 불러와 2줄 모양의 문단 첫 글자를 장식해 보세요.

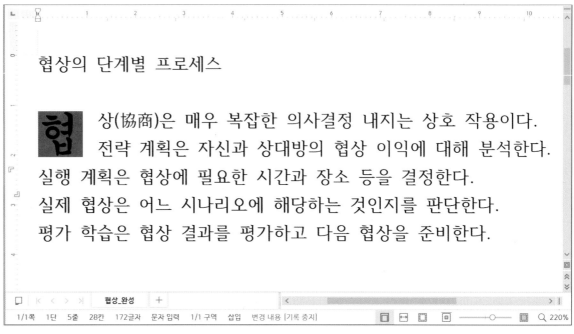

협상의 단계별 프로세스

협상(協商)은 매우 복잡한 의사결정 내지는 상호 작용이다.
전략 계획은 자신과 상대방의 협상 이익에 대해 분석한다.
실행 계획은 협상에 필요한 시간과 장소 등을 결정한다.
실제 협상은 어느 시나리오에 해당하는 것인지를 판단한다.
평가 학습은 협상 결과를 평가하고 다음 협상을 준비한다.

협상_완성 +

1/1쪽 1단 5줄 28칸 172글자 문자 입력 1/1 구역 삽입 변경 내용 [기록 중지] 220%

▲완성파일 : 협상_완성.hwp

• 모양 : 2줄, 글꼴 : 궁서체, 면색 : 빨강

② '점유율.hwpx' 파일을 불러와 3줄 모양의 문단 첫 글자를 장식해 보세요.

브랜드 점유율의 변경 시점

시장의 정의가 바뀜에 따라 브랜드 점유율도 바뀐다.
점유율이 크게 바뀌면 시장이 재창조되는 경우가 많다.
자신이 구매한 상품이나 서비스에 대해서 생각해 보면
이를 쉽게 이해할 수 있다.
제품 속성으로는 이기고 있는데 점유율에서 지고 있는 상황은
실제로 그리 드문 경우가 아니다.

점유율_완성 +

1/1쪽 1단 8줄 32칸 168글자 문자 입력 1/1 구역 삽입 변경 내용 [기록 중지] 220%

▲완성파일 : 점유율_완성.hwp

• 모양 : 3줄, 글꼴 : 맑은 고딕, 면색 : 노랑

3 '스팸.hwpx' 파일을 불러와 2줄 모양의 문단 첫 글자를 장식한 후, 글자색을 변경해 보세요.

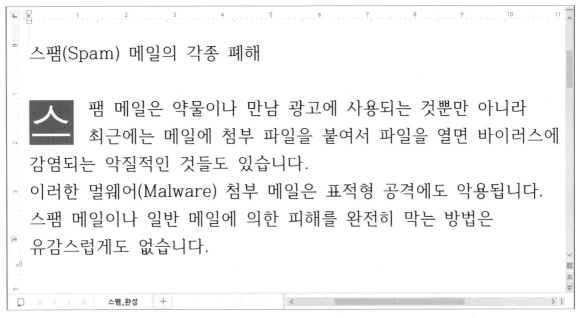

▲완성파일 : 스팸_완성.hwp

• 모양 : 2줄, 글꼴 : 돋움체, 면색 : 초록, 글자색 : 하양

4 '딥러닝.hwpx' 파일을 불러와 3줄 모양의 문단 첫 글자를 장식한 후, 글자색을 변경해 보세요.

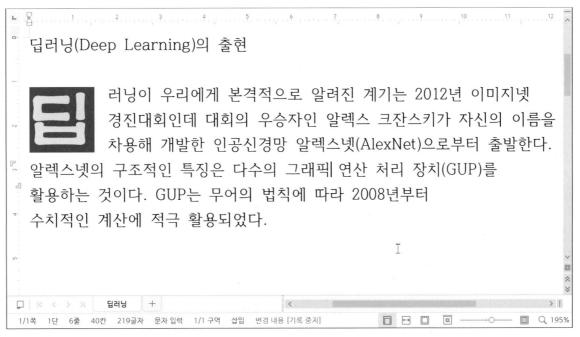

▲완성파일 : 딥러닝_완성.hwp

• 모양 : 3줄, 글꼴 : 휴먼옛체, 면색 : 파랑, 글자색 : 노랑

SECTION 06 문단 모양 지정하기

문단 모양은 작성한 문서 내용에 대해 다양한 정렬 방식과 왼쪽/오른쪽 여백, 들여쓰기, 내어쓰기, 줄 간격, 문단 위/아래 등을 설정하는 기능입니다. 여기에서는 각 문장에 문단 모양을 지정하는 방법에 대해 살펴봅니다.

1 문단 정렬 방식 지정하기

1. 'AI.hwpx' 파일을 불러와 첫 번째 문단을 블록 지정하고, 서식 도구 상자에서 가운데 정렬(▤) 아이콘을 클릭합니다. 그러면 지정한 블록의 문단이 가운데를 기준으로 정렬됩니다.

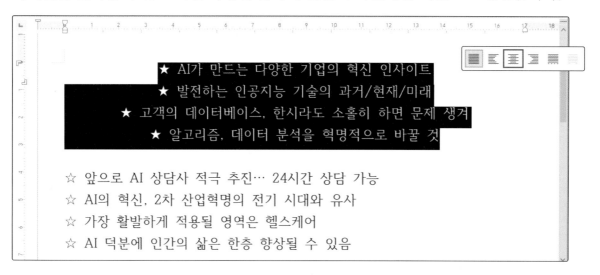

2. 이번에는 두 번째 줄을 블록 지정한 후, 서식 도구 상자에서 왼쪽 정렬(▤) 아이콘을 클릭합니다. 그러면 지정한 문단이 왼쪽을 기준으로 정렬됩니다.

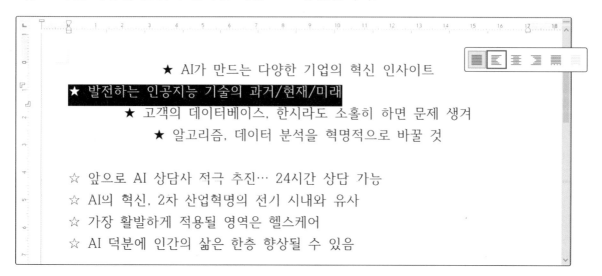

3. 세 번째 줄을 블록 지정한 후, 서식 도구 상자에서 오른쪽 정렬(▤) 아이콘을 클릭합니다. 그러면 지정한 문단이 오른쪽을 기준으로 정렬됩니다.

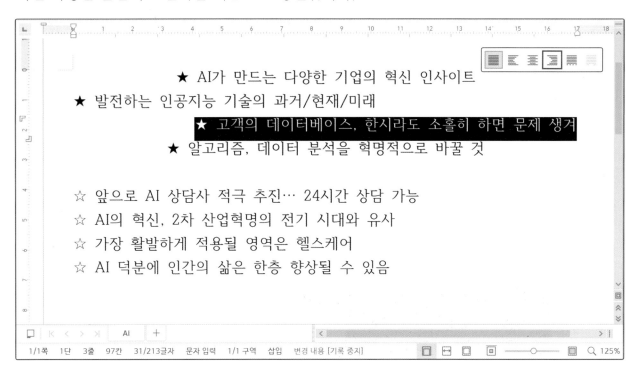

4. 마지막으로 네 번째 줄을 블록 지정한 후, 서식 도구 상자에서 배분 정렬(▤) 아이콘을 클릭합니다.

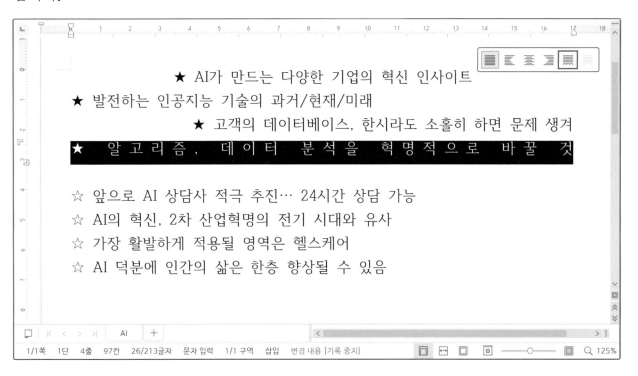

tip

배분 정렬

글자 수에 상관없이 양쪽 정렬을 하되, 어절 사이를 일정하게 띄우는 정렬 방식입니다.

1. 두 번째 문단 내용을 블록 지정한 후, [서식] 탭의 펼침(∨) 단추를 클릭하고 [문단 모양]을 선택합니다.

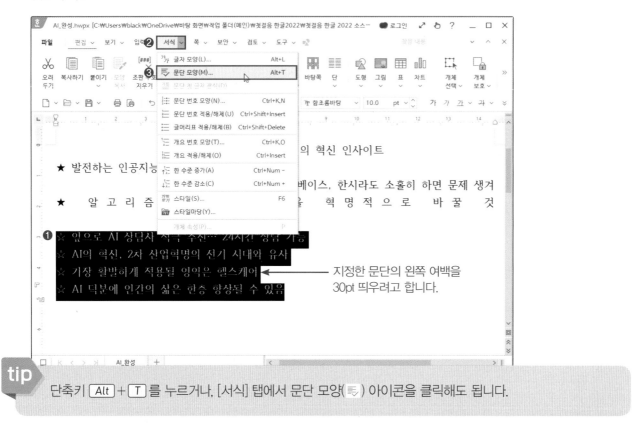

지정한 문단의 왼쪽 여백을 30pt 띄우려고 합니다.

tip

단축키 Alt + T 를 누르거나, [서식] 탭에서 문단 모양(📑) 아이콘을 클릭해도 됩니다.

2. [문단 모양] 대화상자의 [기본] 탭에서 왼쪽 여백을 '30pt'로 지정하고 [설정] 단추를 클릭합니다.

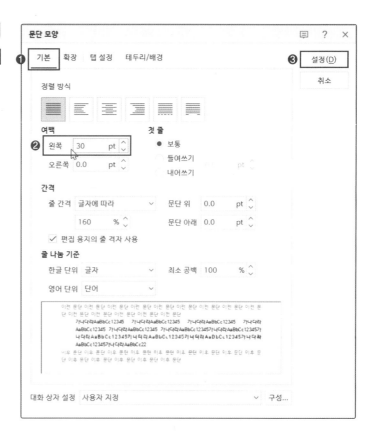

tip

왼쪽/오른쪽 여백

현재 문단 내용의 왼쪽/오른쪽 여백을 어느 정도 띄울 것인지를 정합니다.

3. 두 번째와 세 번째 줄을 블록 지정한 후, [문단 모양] 대화상자의 [기본] 탭에서 들여쓰기를 '30pt'로 지정하고 [설정] 단추를 클릭합니다.

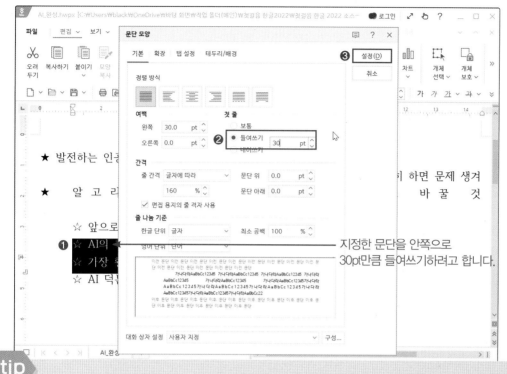

4. 두 번째 문단의 줄 간격을 더 벌리려고 합니다. 두 번째 문단 내용을 모두 블록 지정한 후, [문단 모양] 대화상자의 [기본] 탭에서 줄 간격을 '200%'로 지정하고 [설정] 단추를 클릭하면 줄간격이 늘어납니다.

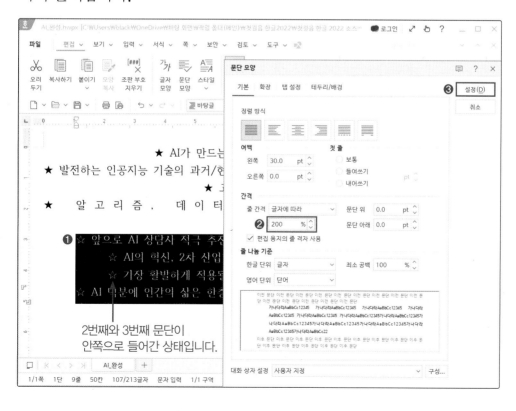

혼자 풀어보기

① 다음과 같이 내용을 작성한 다음, 원하는 글꼴과 크기 및 글자색을 지정하고 조건에 맞게 정렬 및 줄 간격을 지정해 보세요.

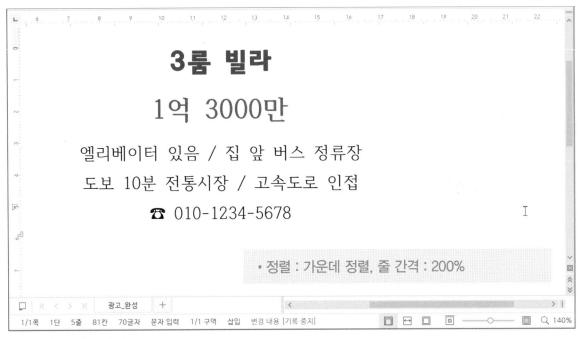

▲완성파일 : 광고_완성.hwpx

② 다음과 같이 내용을 작성한 다음, 원하는 글꼴과 크기 및 글자색을 지정하고 조건에 맞게 정렬 및 줄 간격을 지정해 보세요.

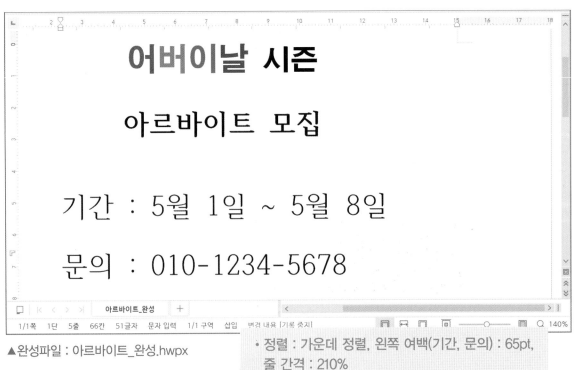

▲완성파일 : 아르바이트_완성.hwpx

'모집안내.hwpx' 파일을 불러와 원하는 글꼴과 크기 및 글자색을 지정하고, 문서 정렬해 보세요.

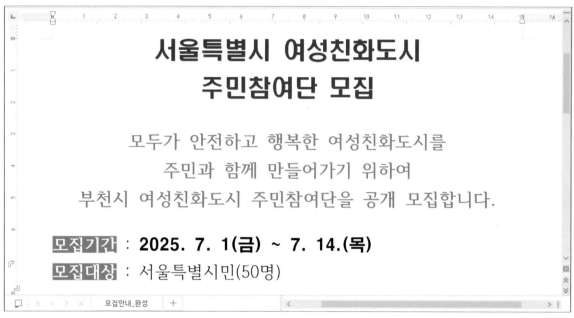

▲완성파일 : 모집안내_완성.hwp

 '청소안내.hwp' 파일을 불러와 줄 간격과 왼쪽 여백을 설정해 보세요.

상반기 물탱크 청소 안내

수도법 제33조 및 동법 시행규칙 제22조의 2항에 의거하여 식수의 위생적인 공급을 위해 저수조 청소를 아래와 같이 실시합니다.

- 아   래-

◎ 일정 : 2025년 5월 4일(수)

◎ 시간 : 08:00 ~ 17:00

※ 저수조 청소시 급수는 정상적으로 공급 될 예정이며, 청소 후 직수로 약간의 수돗물 냄새가 날수 있으나, 인체에는 무해하며, 일시적 현상임을 알려드립니다.

로얄 아파트 관리사무소장

• 줄 간격 : 170%, 정렬 : 가운데 정렬, 왼쪽 여백(일정, 시간) : 105pt

▲완성파일 : 청소안내_완성.hwpx

문단과 쪽 테두리 지정하기

작성한 문서 내용 중에서 특정 문단에 대해 문단 테두리를 지정해 보고, 전체 문서에 대해서는 쪽 테두리를 지정하는 방법에 대해 살펴봅니다.

1 문단 테두리 지정하기

1. '디자인.hwpx' 파일을 불러와 두 번째 문단을 블록 지정하고, [편집] 탭에서 문단 모양(≡) 아이콘을 클릭합니다.

> **tip**
>
> 단축키 Alt + T 를 누르거나, [서식]-[문단 모양] 메뉴를 선택해도 됩니다.

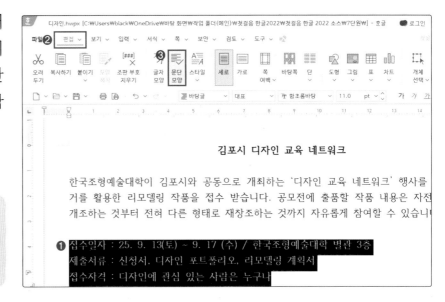

2. [문단 모양] 대화상자의 [테두리/배경] 탭에서 테두리의 종류는 '점선', 굵기는 '0.5mm', 색은 '초록'을 각각 지정합니다.

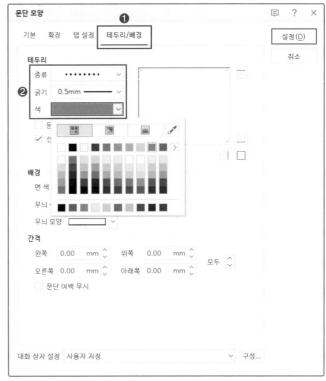

3. 계속해서 모두(□) 단추를 클릭한 후, '문단 테두리 연결'을 선택하고 [설정] 단추를 클릭합니다.

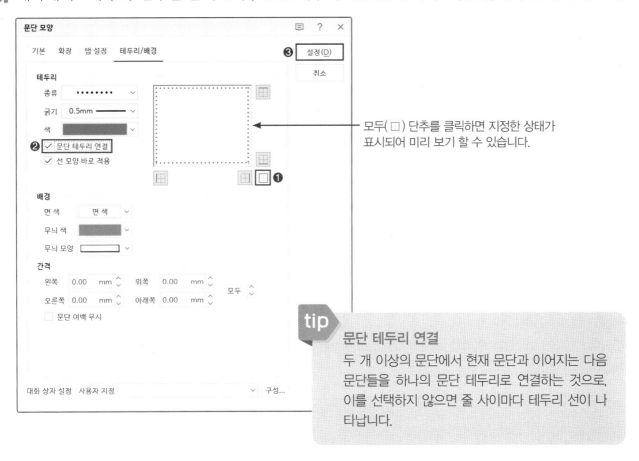

모두(□) 단추를 클릭하면 지정한 상태가
표시되어 미리 보기 할 수 있습니다.

tip 문단 테두리 연결
두 개 이상의 문단에서 현재 문단과 이어지는 다음
문단들을 하나의 문단 테두리로 연결하는 것으로,
이를 선택하지 않으면 줄 사이마다 테두리 선이 나
타납니다.

4. 그 결과 해당 문단에 점선의 테두리가 적용된 것을 확인할 수 있습니다.

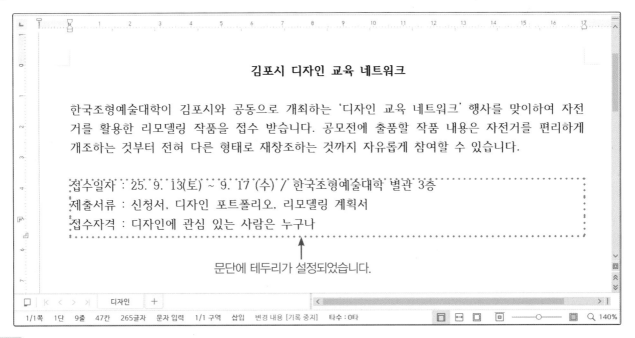

문단에 테두리가 설정되었습니다.

tip 문단 테두리를 해제하려면 [테두리/배경] 탭에서 '테두리 종류'는 '없음'으로 하고, 모두(□) 단추를 눌러 해제
된 것을 미리보기에서 본 후 [설정]을 누르면 됩니다.

2 쪽 테두리 지정하기

1. 현재 문서에 쪽 테두리를 지정하려면 [쪽] 탭의 펼침(∨) 단추를 클릭하고, [쪽 테두리/ 배경]을 선택합니다.

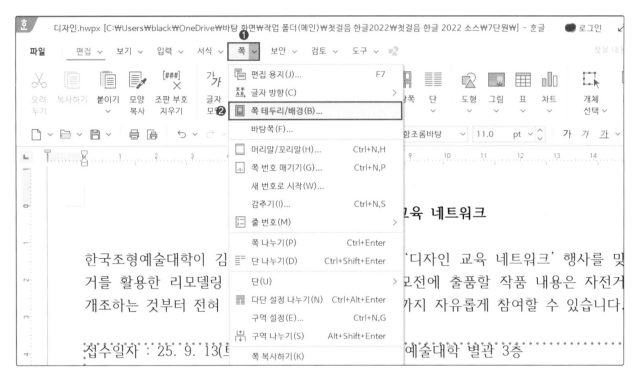

2. [쪽 테두리/배경] 대화상자가 나타나면 [테두리] 탭에서 테두리의 종류는 '이중 실선', 굵기는 '0.5mm', 색은 '파랑'을 각각 지정합니다.

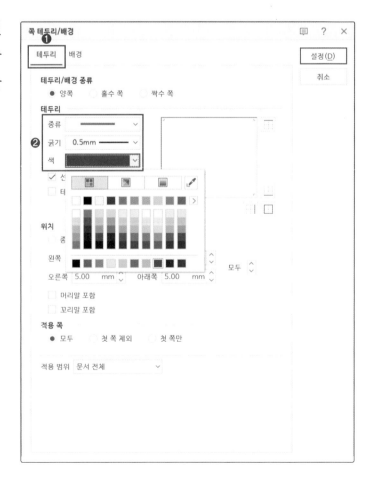

3. 계속해서 모두(□) 단추를 클릭하여 쪽
테두리의 미리보기를 확인한 후 [설정]
단추를 클릭합니다.

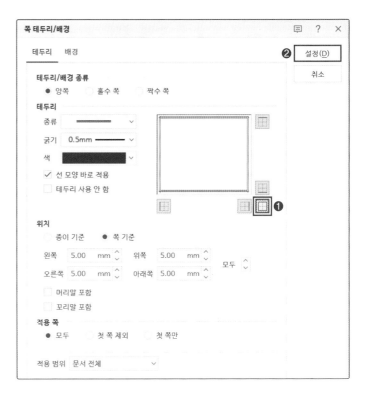

4. 쪽 테두리를 확인하고 싶으면 [보기] 탭에서 쪽 윤곽(□) 아이콘을 클릭합니다.

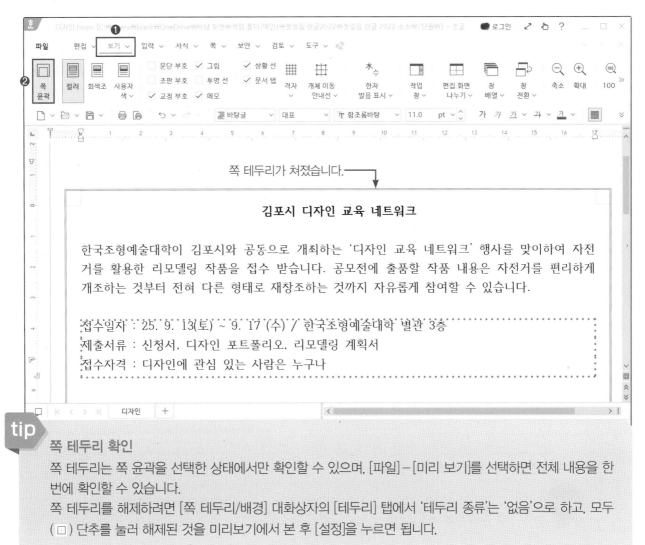

tip

쪽 테두리 확인

쪽 테두리는 쪽 윤곽을 선택한 상태에서만 확인할 수 있으며, [파일]−[미리 보기]를 선택하면 전체 내용을 한 번에 확인할 수 있습니다.
쪽 테두리를 해제하려면 [쪽 테두리/배경] 대화상자의 [테두리] 탭에서 '테두리 종류'는 '없음'으로 하고, 모두 (□) 단추를 눌러 해제된 것을 미리보기에서 본 후 [설정]을 누르면 됩니다.

혼자 풀어보기

1 '브라우저.hwpx' 파일을 불러와 첫 번째 문단에 빨간색의 파선 테두리를 지정해 보세요.

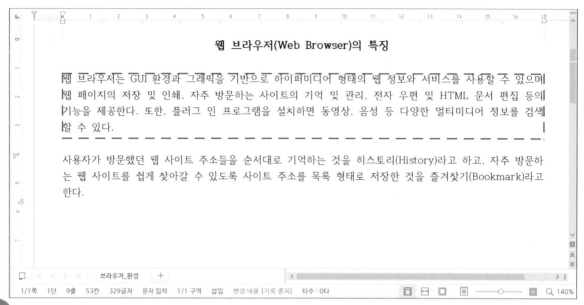

HINT [문단 모양] 대화상자의 [테두리/배경] 탭에서 테두리 종류는 '파선', 굵기는 '0.5mm', 색은 '빨강'을 각각 지정합니다.

2 두 번째 문단에는 파란색의 물결선 테두리를 지정해 보세요.

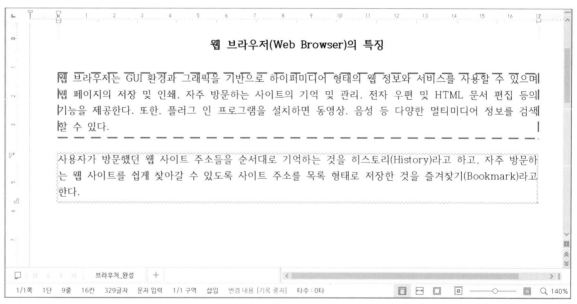

▲완성파일 : 브라우저_완성.hwpx

HINT [문단 모양] 대화상자의 [테두리/배경] 탭에서 테두리 종류는 '물결선', 굵기는 '0.5mm', 색은 '파랑'을 각각 지정합니다.

'클라우드.hwpx' 파일을 불러와 두 번째 문단에 초록색의 실선 테두리와 임의의 면 색을 지정해 보세요.

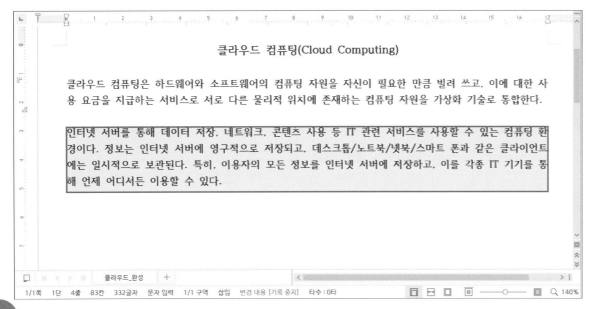

HINT [문단 모양] 대화상자의 [테두리/배경] 탭에서 테두리 종류는 '실선', 굵기는 '0.5mm', 색은 '초록', 면색은 '노랑'을 각각 지정합니다.

 문서 전체에 이중 실선의 주황색 쪽 테두리를 지정해 보세요.

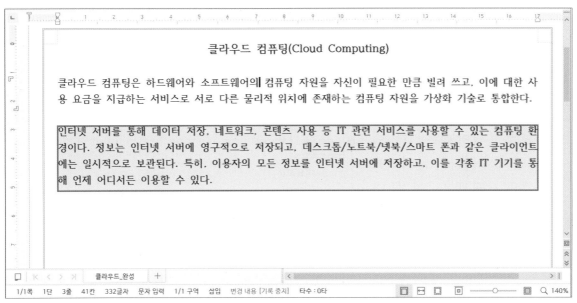

▲완성파일 : 클라우드_완성.hwpx

HINT [쪽 테두리/배경] 대화상자의 [테두리] 탭에서 테두리 종류는 '이중 실선', 굵기는 '0.5mm', 색은 '주황'을 각각 지정합니다.

글머리표와
그림 글머리표 삽입하기

글머리표는 여러 개의 항목을 나열할 때 문단의 시작 부분에 불릿 모양을 삽입하는 기능으로, 여기에서는 글머리표와 그림 글머리표를 각 항목마다 적용하는 방법에 대해 살펴봅니다.

1 글머리표 삽입하기

1. '인식.hwpx' 파일을 불러와 해당 부분을 블록 지정한 다음, [서식] 탭의 펼침(✓) 단추를 클릭하고 [문단 번호 모양]을 선택합니다.

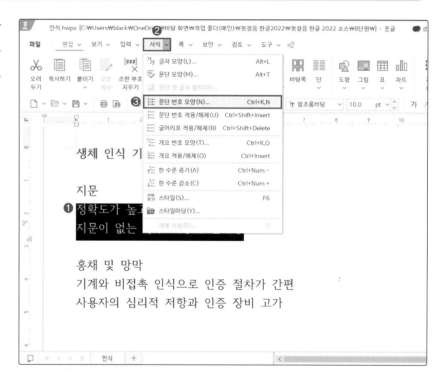

2. [글머리표 및 문단 번호] 대화상자가 나타나면 [글머리표] 탭에서 원하는 글머리표 모양을 선택하고, [설정] 단추를 클릭합니다.

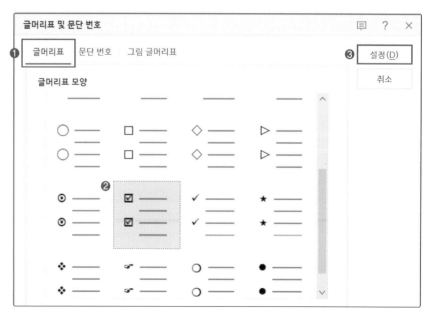

1. 그림 글머리표를 삽입하려는 해당 부분을 블록 지정한 후, [문단 번호/글머리표] 대화상자의 [그림 글머리표] 탭에서 원하는 그림 글머리표 모양을 선택하고 [설정] 단추를 클릭합니다.

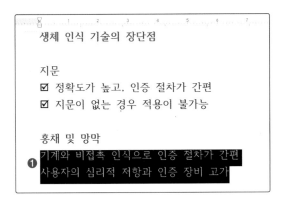

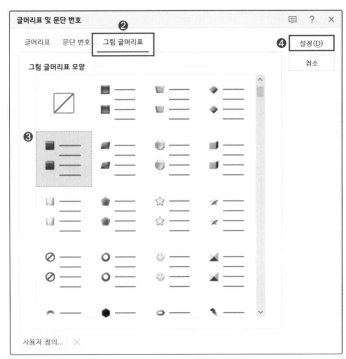

2. 그 결과 선택한 글머리표와 그림 글머리표가 삽입된 것을 확인할 수 있습니다.

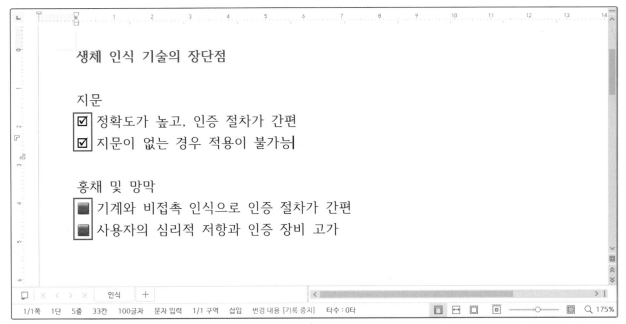

tip

글머리표와 그림 글머리표 : [서식] 탭에서 글머리표 목록 단추와 그림 글머리표 목록 단추를 클릭하고, 원하는 글머리표와 그림 글머리표를 선택할 수도 있습니다.

혼자 풀어보기

① '사업.hwpx' 파일을 불러와 중제목에 원하는 글머리표를 각각 삽입해 보세요.

지역별 사업 지원 분야

❖ 수도권
제일대학 : 융합보안공학, 서비스디자인공학, 바이오에너지
우수대학 : 바이오헬스, 미래사회공학, 제약공학

○ 지방권
최고대학 : 글로벌SW융합, 조선해양시스템, 스마트모바일
미래대학 : 지능형자동차, 시스템반도체, 태양광, 수소전지

사업
1/1쪽 1단 5줄 1칸 138글자 문자 입력 1/1 구역 삽입 변경 내용 [기록 중지] 타수 : 0타 190%

HINT [글머리표 및 문단 번호] 대화상자의 [글머리표] 탭에서 원하는 글머리표 모양을 각각 선택합니다.

② 문서의 나머지 항목에 원하는 그림 글머리표를 각각 삽입해 보세요.

지역별 사업 지원 분야

❖ 수도권
■ 제일대학 : 융합보안공학, 서비스디자인공학, 바이오에너지
■ 우수대학 : 바이오헬스, 미래사회공학, 제약공학

○ 지방권
🪨 최고대학 : 글로벌SW융합, 조선해양시스템, 스마트모바일
🪨 미래대학 : 지능형자동차, 시스템반도체, 태양광, 수소전지

사업
1/1쪽 1단 5줄 45칸 138글자 문자 입력 1/1 구역 삽입 변경 내용 [기록 중지] 타수 : 0타 190%

▲완성파일 : 사업화_완성.hwpx

HINT [글머리표 및 문단 번호] 대화상자의 [그림 글머리표] 탭에서 원하는 그림 글머리표 모양을 각각 선택합니다.

③ '보안.hwpx' 파일을 불러와 제목에 원하는 글머리표를 각각 삽입해 보세요.

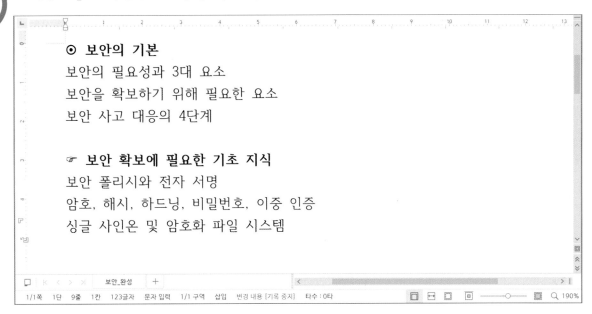

④ 문서의 나머지 항목에 원하는 그림 글머리표를 각각 삽입해 보세요.

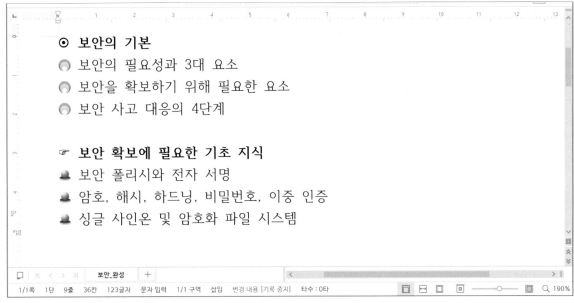

▲완성파일 : 보안_완성.hwpx

다단 설정과 단 나누기

한·글·2·0·2·2

다단은 신문, 회보, 찾아보기 등을 만들 때 읽기 쉽도록 한 쪽을 여러 개의 단으로 나누는 기능입니다. 여기에서는 다단을 설정한 후, 문서 내용에 따라 단을 분리하거나 독립적인 새로운 단을 나누는 방법에 대해 살펴봅니다.

1 다단 설정하기

1. 기본 화면에서 본문을 2단으로 나누기 위하여 [쪽] 탭의 펼침(∨) 단추를 클릭하고 [단]-[다단 설정]을 선택합니다.

> **tip**
> 다단 : [편집] 또는 [쪽] 탭에서 단 설정(▤) 아이콘을 클릭해도 됩니다.

2. [단 설정] 대화상자가 나타나면 자주 쓰이는 모양은 '둘'과 '구분선 넣기'를 각각 선택하고 [설정] 단추를 클릭합니다.

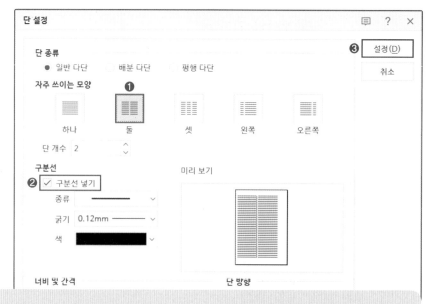

> **tip**
> 단 나누기 : 단 내용이 끝까지 입력되지 않더라도 다음 단으로 커서를 이동시켜 내용을 입력시킬 수 있는 기능으로, [쪽] 탭에서 단 나누기(▤) 아이콘을 클릭해도 됩니다.

3. 본문이 2단으로 나뉘어지면 제목(임의의 글꼴 서식으로 처리)과 본문 내용을 입력합니다. 입력시 1단에 내용이 모두 차야지만 2단으로 넘어갑니다.

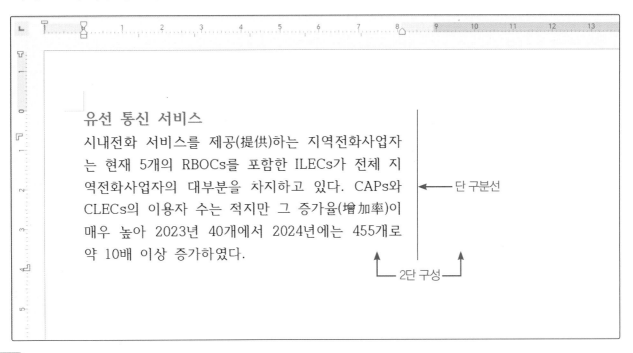

4. 계속해서 두 번째 문단에 제목(임의의 글꼴 서식으로 처리)과 본문 내용을 입력합니다.

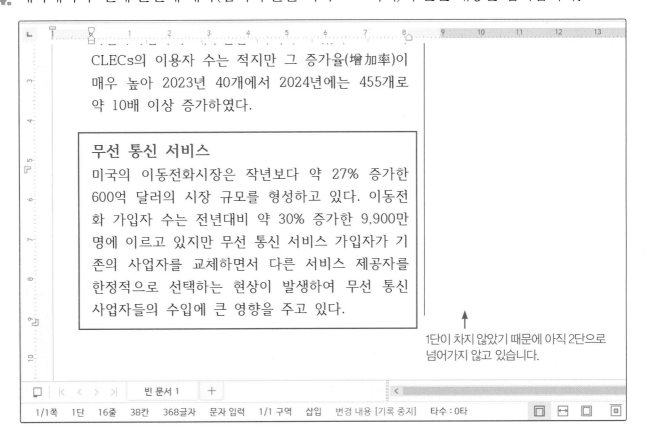

1. 입력한 데이터 중 '무선 통신 서비스' 부분의 내용을 2단으로 옮겨 표시하고자 합니다. 문단을 강제로 다음 단으로 이동시키고 싶으면 해당 문단의 맨 앞에 커서를 위치시킨 후, [쪽] 탭의 펼침(∨) 단추를 클릭하고, [단 나누기]를 선택합니다.

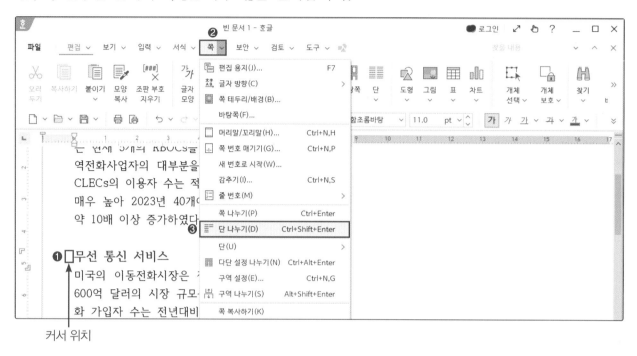

커서 위치

2. 이후부터는 독립적인 새로운 단을 만들어 문서를 작성하려고 합니다. 분리하기 원하는 오른쪽 단 하단에 커서를 위치시킨 후, [쪽] 탭의 펼침(∨) 단추를 클릭하고 [다단 설정 나누기]를 선택합니다.

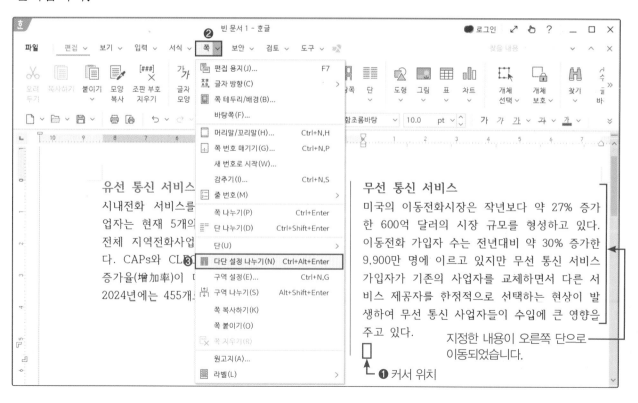

3. 독립적인 새로운 단이 만들어지면 주어진 제목(임의의 글꼴 서식)과 본문 내용을 입력합니다.

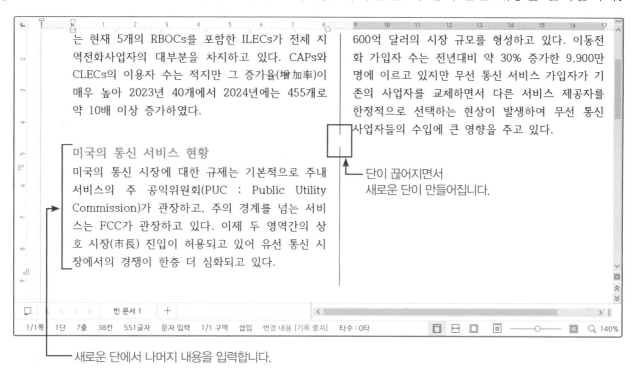

4. 문장 맨 끝에 커서를 위치시킨 후, [쪽]-[단 나누기] 메뉴를 이용하여 오른쪽 단으로 커서를 이동시킨 다음, 나머지 내용을 입력하고 '통신_완성.hwpx'로 저장합니다.

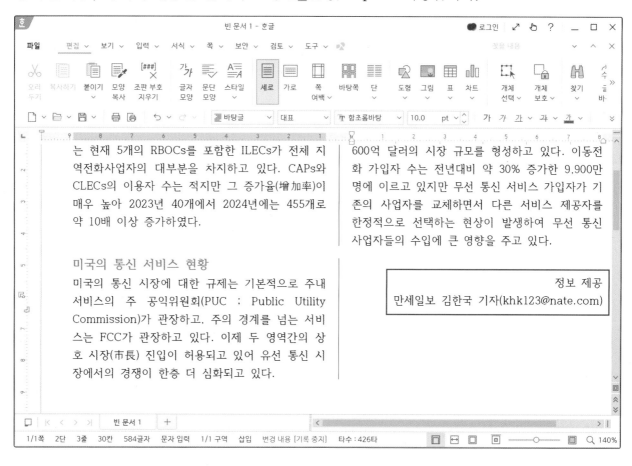

혼자 풀어보기

① 화면을 2단으로 나누기한 후, 다음의 내용을 입력해 보세요.

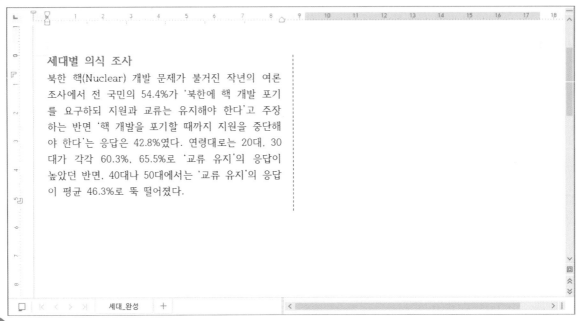

세대별 의식 조사

북한 핵(Nuclear) 개발 문제가 불거진 작년의 여론 조사에서 전 국민의 54.4%가 '북한에 핵 개발 포기를 요구하되 지원과 교류는 유지해야 한다'고 주장하는 반면 '핵 개발을 포기할 때까지 지원을 중단해야 한다'는 응답은 42.8%였다. 연령대로는 20대, 30대가 각각 60.3%, 65.5%로 '교류 유지'의 응답이 높았던 반면, 40대나 50대에서는 '교류 유지'의 응답이 평균 46.3%로 뚝 떨어졌다.

HINT [단 설정] 대화상자에서 자주 쓰이는 모양은 '둘'과 '구분선 넣기(파선)'을 각각 선택합니다.

② 다단을 오른쪽 단으로 이동한 후, 나머지 제목과 내용을 입력해 보세요.

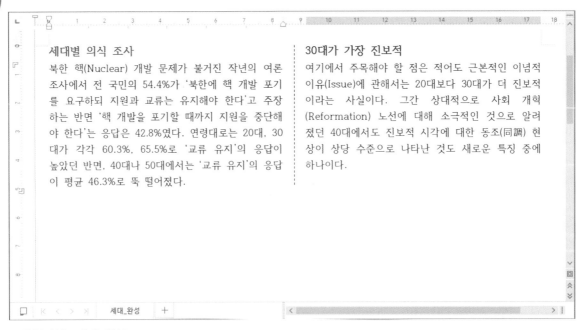

세대별 의식 조사

북한 핵(Nuclear) 개발 문제가 불거진 작년의 여론 조사에서 전 국민의 54.4%가 '북한에 핵 개발 포기를 요구하되 지원과 교류는 유지해야 한다'고 주장하는 반면 '핵 개발을 포기할 때까지 지원을 중단해야 한다'는 응답은 42.8%였다. 연령대로는 20대, 30대가 각각 60.3%, 65.5%로 '교류 유지'의 응답이 높았던 반면, 40대나 50대에서는 '교류 유지'의 응답이 평균 46.3%로 뚝 떨어졌다.

30대가 가장 진보적

여기에서 주목해야 할 점은 적어도 근본적인 이념적 이유(Issue)에 관해서는 20대보다 30대가 더 진보적이라는 사실이다. 그간 상대적으로 사회 개혁(Reformation) 노선에 대해 소극적인 것으로 알려졌던 40대에서도 진보적 시각에 대한 동조(同調) 현상이 상당 수준으로 나타난 것도 새로운 특징 중에 하나이다.

▲완성파일 : 세대_완성.hwpx

HINT 왼쪽 단 내용의 문장 맨 끝에 커서를 위치시킨 후, [쪽] 탭에서 [단 나누기] 아이콘을 클릭합니다.

화면을 3단으로 나누기한 후, 다음의 내용을 입력해 보세요.

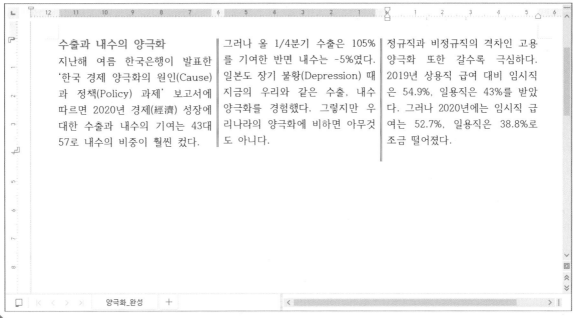

수출과 내수의 양극화
지난해 여름 한국은행이 발표한 '한국 경제 양극화의 원인(Cause)과 정책(Policy) 과제' 보고서에 따르면 2020년 경제(經濟) 성장에 대한 수출과 내수의 기여는 43대 57로 내수의 비중이 훨씬 컸다.

그러나 올 1/4분기 수출은 105%를 기여한 반면 내수는 -5%였다. 일본도 장기 불황(Depression) 때 지금의 우리와 같은 수출, 내수 양극화를 경험했다. 그렇지만 우리나라의 양극화에 비하면 아무것도 아니다.

정규직과 비정규직의 격차인 고용 양극화 또한 갈수록 극심하다. 2019년 상용직 급여 대비 임시직은 54.9%, 일용직은 43%를 받았다. 그러나 2020년에는 임시직 급여는 52.7%, 일용직은 38.8%로 조금 떨어졌다.

HINT [단 설정] 대화상자에서 자주 쓰이는 모양은 '셋'과 '구분선 넣기(이중 실선)'을 각각 선택합니다.

 세 번째 단 아래에 독립적인 새로운 단을 만들고, 나머지 내용을 입력해 보세요.

수출과 내수의 양극화
지난해 여름 한국은행이 발표한 '한국 경제 양극화의 원인(Cause)과 정책(Policy) 과제' 보고서에 따르면 2020년 경제(經濟) 성장에 대한 수출과 내수의 기여는 43대 57로 내수의 비중이 훨씬 컸다.

그러나 올 1/4분기 수출은 105%를 기여한 반면 내수는 -5%였다. 일본도 장기 불황(Depression) 때 지금의 우리와 같은 수출, 내수 양극화를 경험했다. 그렇지만 우리나라의 양극화에 비하면 아무것도 아니다.

정규직과 비정규직의 격차인 고용 양극화 또한 갈수록 극심하다. 2019년 상용직 급여 대비 임시직은 54.9%, 일용직은 43%를 받았다. 그러나 2020년에는 임시직 급여는 52.7%, 일용직은 38.8%로 조금 떨어졌다.

장기 성장 기반까지 위협
한국은행은 "지금의 양극화 구조를 방치할 경우 장기 성장(成長)의 기반까지 훼손될 위험이 있다"며 위험성을 강조했다.

소재 부품 산업 육성, 투자의 연결 고리 복원, 해외 소비를 국내 소비로 불러들이는 의료(Medical), 교육(Education), 레저(Leisure) 등의 시장 개방 등을 제안했다.

특히, 소득의 양극화와 관련하여 "어차피 양자택일은 될 수 없으며 저소득층 교육 지원에 초점을 두는 재분배(Redistribution) 정책을 써야 한다"고 강조했다.

▲완성파일 : 양극화_완성.hwpx

HINT 맨 오른쪽 단 하단에 커서를 위치시킨 후, [쪽] 탭에서 [다단 설정 나누기] 아이콘을 클릭합니다.

머리말과 꼬리말 삽입하기

한·글·2·0·2·2

머리말/꼬리말은 페이지의 맨 위/맨 아래에 한 줄 정도로 내용을 입력할 수 있는 기능으로 책 제목, 단원 제목 등을 삽입할 수 있습니다. 여기에서는 현재 문서에 머리말과 꼬리말을 삽입하는 방법에 대해 살펴봅니다.

1 머리말 삽입하기

1. 'LED.hwpx'을 불러온 후, [쪽]-[쪽 테두리 배경]을 클릭하여 실선의 쪽 테두리를 지정합니다. 쪽 테두리는 이후부터 작업할 머리말과 꼬리말 차이점을 쉽게 알아볼 수 있도록 임의로 작업한 것입니다.

쪽 테두리를 친 상태 ─

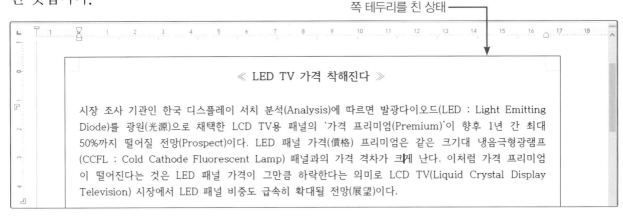

2. 머리말을 삽입하기 위하여 [쪽] 탭의 펼침(ⵦ) 단추를 클릭하고 [머리말/꼬리말]을 선택합니다.

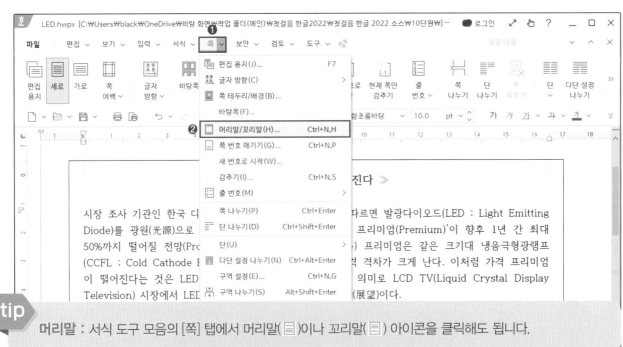

tip **머리말** : 서식 도구 모음의 [쪽] 탭에서 머리말(▤)이나 꼬리말(▤) 아이콘을 클릭해도 됩니다.

3. [머리말/꼬리말] 대화상자가 나타나면 종류는 '머리말', 위치는 '양쪽'을 선택하고 [만들기] 단추를 클릭합니다.

4. 머리말 작업 화면이 나타나면 머리말로 '경제연구소'라고 입력합니다. 머리말을 블록 지정한 후, 서식 도구 상자에서 글꼴은 '궁서체', 글자 크기는 '10pt', 속성은 '기울임', 글자색은 '파랑'을 각각 지정하고, [머리말/꼬리말] 탭의 닫기(⊗) 아이콘을 클릭하여 머리말을 닫습니다.

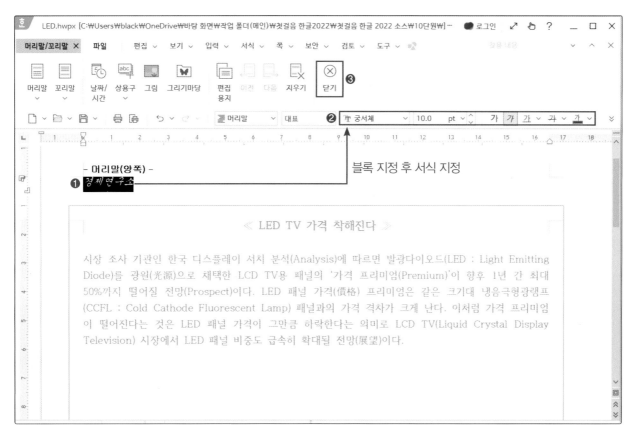

2 꼬리말 삽입하기

1. 꼬리말을 삽입하기 위하여 [쪽] 탭의 펼침(∨) 단추를 클릭하고 [머리말/꼬리말]을 선택합니다.

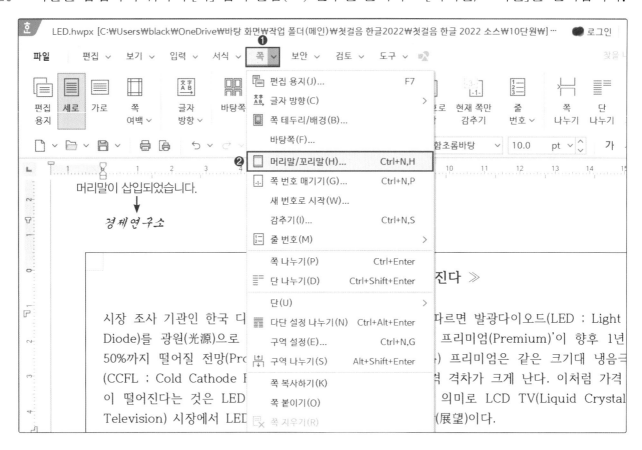

2. [머리말/꼬리말] 대화상자가 나타나면 종류는 '꼬리말', 위치는 '양쪽'을 선택하고 [만들기] 단추를 클릭합니다.

3. 꼬리말 화면이 나타나면 주어진 내용('LED TV 가격 프리미엄')을 입력하고 블록 지정한 후, 서식 도구 상자에서 글꼴은 '돋움체', 글자 크기는 '9pt', 글자색은 '빨강', 정렬 방식은 '가운데 정렬'을 각각 지정하고 [머리말/꼬리말] 탭의 닫기(⊗) 아이콘을 클릭하여 꼬리말을 닫습니다.

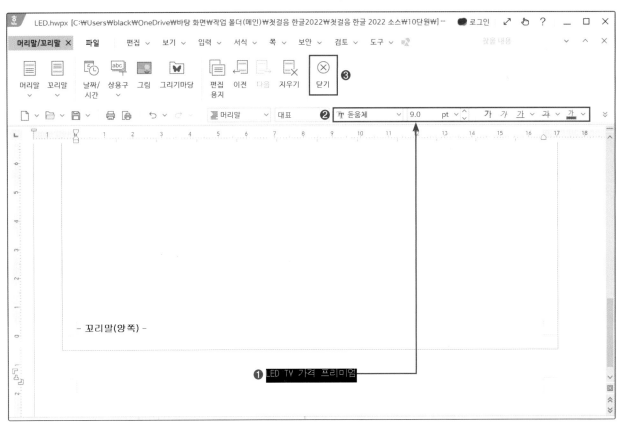

> **tip**
>
> **머리말과 꼬리말 수정하기**
>
> 머리말/꼬리말을 입력한 후 이를 수정(편집)할 경우, 본문 화면의 머리말/꼬리말 부분에 마우스를 가져가서 포인터가 아래 그림처럼 변경되었을 때 해당 부분을 더블클릭하면 수정 모드로 들어갑니다. 수정 작업을 한 후 (⊗) 아이콘을 클릭하여 머리말/꼬리말을 닫습니다.
>
> *경제 연구소* ◀──────── 머리말 더블클릭 후 수정
>
> LED TV 가격 프리미엄 ◀──────── 꼬리말 더블클릭 후 수정

혼자 풀어보기

1 '패널.hwpx' 파일을 불러와 파선의 쪽 테두리를 지정하고, 문서 상단에 주어진 머리말(맑은 고딕, 10pt, 빨강)을 삽입해 보세요.

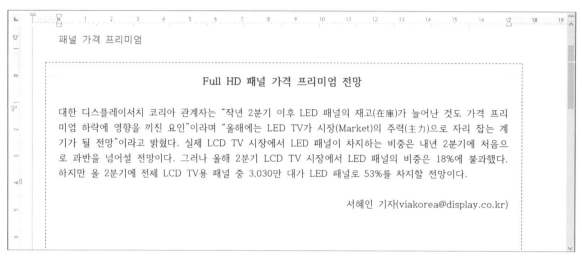

패널 가격 프리미엄

Full HD 패널 가격 프리미엄 전망

대한 디스플레이서치 코리아 관계자는 "작년 2분기 이후 LED 패널의 재고(在庫)가 늘어난 것도 가격 프리미엄 하락에 영향을 끼친 요인"이라며 "올해에는 LED TV가 시장(Market)의 주력(主力)으로 자리 잡는 계기가 될 전망"이라고 밝혔다. 실제 LCD TV 시장에서 LED 패널이 차지하는 비중은 내년 2분기에 처음으로 과반을 넘어설 전망이다. 그러나 올해 2분기 LCD TV 시장에서 LED 패널의 비중은 18%에 불과했다. 하지만 올 2분기에 전체 LCD TV용 패널 중 3,030만 대가 LED 패널로 53%를 차지할 전망이다.

서혜인 기자(viakorea@display.co.kr)

▲완성파일 : 패널_완성.hwpx

HINT [머리말/꼬리말] 대화상자에서 종류는 '머리말', 위치는 '양쪽'을 선택합니다.

2 '기록부.hwpx' 파일을 불러와 일점쇄선의 쪽 테두리를 지정하고, 문서 하단에 주어진 꼬리말(HY동녘M, 9pt, 파랑, 가운데 정렬)을 삽입해 보세요.

§ 전자상거래학회 회원 기록부 발간 §

처음 20여 명의 대학교수(教授)들의 모임으로 시작한 전자상거래학회가 이제는 기업과 현장에서 일하시는 분들까지 참여한 결과 2025년 현재 350여 명의 회원(會員)들로 구성되고, 전자상거래(E-Commerce) 분야에서는 국내 최고의 자리를 유지하게 되었습니다. 2010년부터 회원들의 인적사항 등을 기록한 회원 기록부(Membership List)를 제작, 배포하여 회원 사이의 비상 연락망을 유지함은 물론 정보 공유에도 많은 도움이 되었습니다.
올해부터는 다양한 세미나(Seminar) 및 워크샵(Workshop) 등의 행사(行事)를 준비하고 있사오니 회원님들의 많은 참여(參與)와 성원(聲援)을 부탁드립니다.

전자상거래학회

▲완성파일 : 기록부_완성.hwpx

HINT [머리말/꼬리말] 대화상자에서 종류는 '꼬리말', 위치는 '양쪽'을 선택합니다.

'태권도.hwpx' 파일을 불러와 다음과 같이 머리말을 삽입해 보세요.

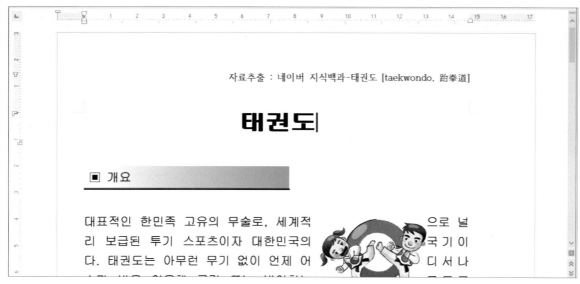

▲완성파일 : 태권도_완성.hwpx

 '올림픽.hwpx' 파일을 불러와 다음과 같이 오른쪽에 머리말을 삽입해 보세요.

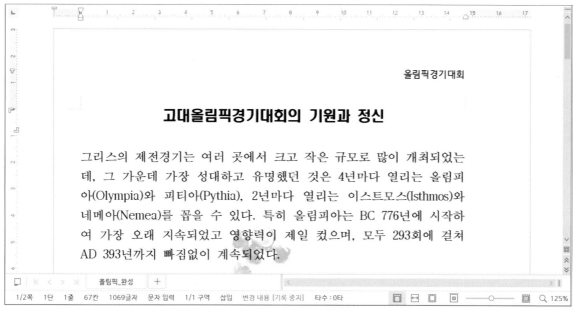

▲완성파일 : 올림픽_완성.hwpx

SECTION 11

쪽 번호 삽입하고 인쇄하기

한·글·2·0·2·2

쪽 번호는 문서에 순차 번호를 자동으로 매겨 주는 기능으로, 이를 이용하면 문서에 일련번호가 표시되어 보기에 좋습니다. 여기에서는 쪽번호를 삽입하는 방법과 원하는 쪽 번호로 시작하는 방법에 대해 살펴봅니다.

1 쪽 번호 삽입하기

1. '전시회.hwpx' 파일을 불러와 실선의 쪽 테두리를 지정하고, [쪽]-[쪽 번호 매기기] 메뉴를 클릭하거나, [쪽] 탭에서 쪽 번호 매기기(⊡) 아이콘을 클릭합니다.

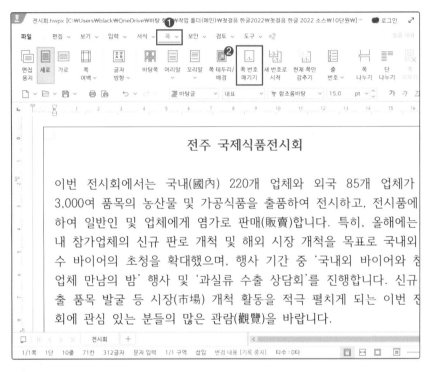

2. [쪽 번호 매기기] 대화상자가 나타나면 번호 위치는 '가운데', 번호 모양은 '로마 대문자'를 각각 선택하고, [넣기] 단추를 클릭합니다.

tip

줄표 넣기 : 쪽 번호 양쪽에 줄표 **(예)** - 1 -를 넣는 것으로, 줄표 넣기를 해제하면 번호만 나타납니다.

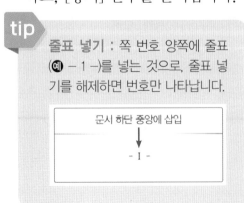

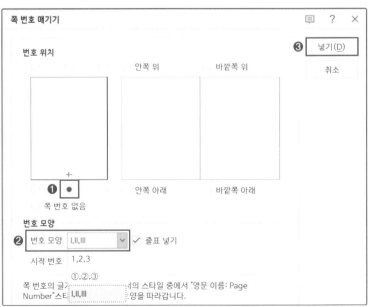

2 새로운 쪽 번호 삽입하기

1. 쪽 번호를 원하는 번호로 시작하려면 [쪽] 탭의 펼침(⌄) 단추를 클릭하고 [새 번호로 시작]을 선택하거나, [쪽] 탭에서 새 번호로 시작(뱀) 아이콘을 클릭합니다.

2. [새 번호로 시작] 대화상자가 나타나면 번호 종류는 '쪽 번호', 시작 번호는 '3'을 각각 지정한 후 [넣기] 단추를 클릭합니다.

3. 그 결과 문서 중앙 하단의 시작 쪽 번호가 '3(Ⅲ)'으로 변경된 것을 확인할 수 있습니다.

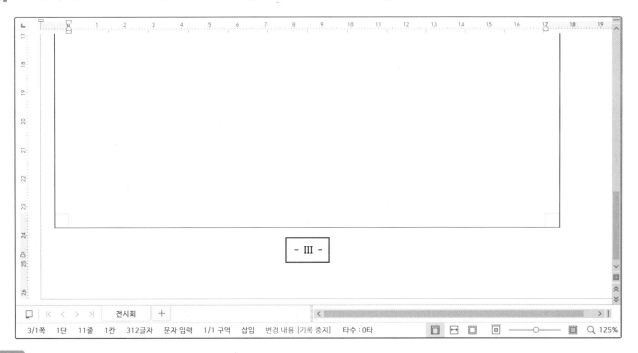

---

tip

쪽 번호 삭제

- [보기] 탭의 펼침(⌄) 단추를 클릭하고, [표시/숨기기]–[조판 부호]를 선택합니다.
- 화면에 조판 부호가 나타나면 삭제하려는 내용 앞에서 `Delete` 키를 누르고, [지우기] 대화 상자가 나타나면 [지움] 단추를 클릭합니다.

[쪽 번호 위치]**전주 국제식품전시회**↵

[새 쪽 번호]↵

이번 전시회에서는 국내(國內) 220개 업체와 외국 85개 업체가 총 3,000여 품 가공식품을 출품하여 전시하고, 전시품에 대하여 일반인 및 업체에게 염가로

1. 인쇄되는 모양을 미리 확인하기 위해 [파일] 메뉴를 클릭하여 [미리보기]를 클릭합니다.

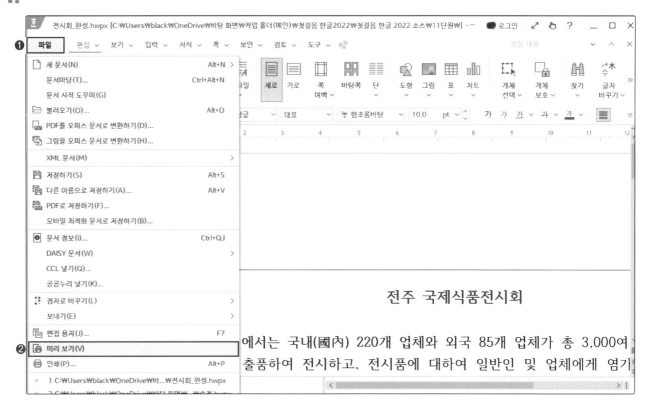

2. 작성한 문서가 인쇄되는 모양을 화면으로 확인할 수 있습니다. 종이로 인쇄하려면 [미리보기] 메뉴의 기본 도구 상자에서 [인쇄]를 클릭합니다.

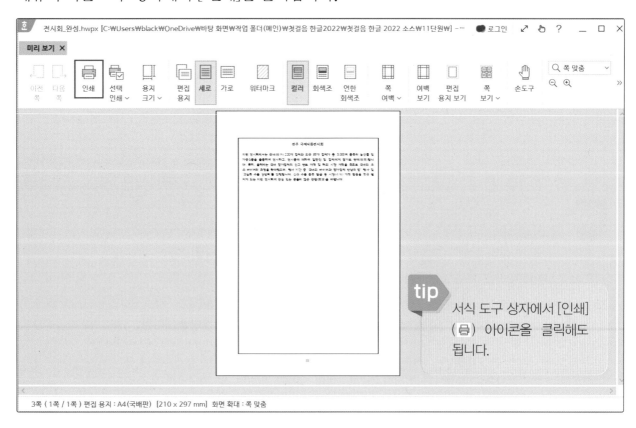

tip
서식 도구 상자에서 [인쇄] (🖶) 아이콘을 클릭해도 됩니다.

3. [인쇄] 대화상자가 나타나면 인쇄 범위와 인쇄 매수를 지정하고 [인쇄]를 클릭합니다.

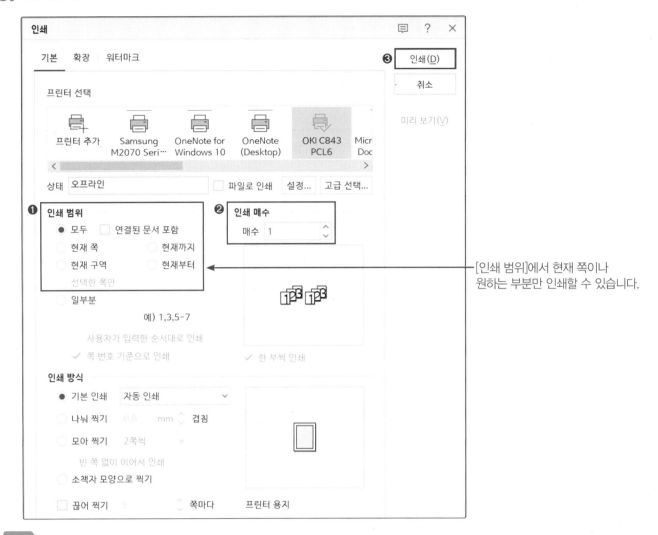

[인쇄 범위]에서 현재 쪽이나
원하는 부분만 인쇄할 수 있습니다.

인쇄 범위

- **모두** : 문서 전체를 인쇄합니다.
- **현재 쪽** : 현재 커서가 위치한 페이지만 인쇄합니다.
- **현재까지** : 현재 커서가 위치한 페이지까지만 인쇄합니다.
- **현재 구역** : 문서가 여러 개의 구역으로 구성되어 있을 때, 커서가 놓여 있는 위치의 구역만 인쇄합니다.
- **현재부터** : 커서가 놓여 있는 현재 페이지부터 문서 끝 페이지까지 인쇄합니다.
- **선택한 쪽만** : 문서에서 블록으로 설정된 부분이 속해 있는 페이지만 인쇄합니다.
- **일부분** : 인쇄 범위를 직접 입력하여 지정된 페이지만 인쇄합니다. 쉼표(,)로 인쇄할 페이지를 구분하여 입력합니다.

인쇄 매수 : 인쇄 매수는 1부터 1000까지 설정할 수 있습니다. 여러 매 인쇄를 할 때 한부씩 찍기를 선택하면 페이지 순서대로 지정한 매수만큼 인쇄합니다.

혼자 풀어보기

1 '플래시.hwpx' 파일을 불러와 얇고 굵은 이중선의 쪽 테두리를 지정해 보세요.

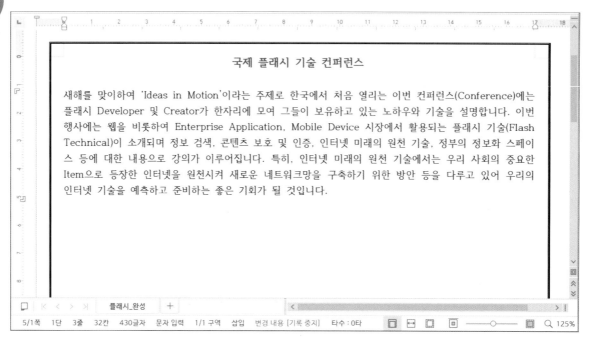

2 문서 왼쪽 하단에 줄표를 포함한 원문자의 쪽 번호를 삽입하되 '5'로 시작해 보세요.

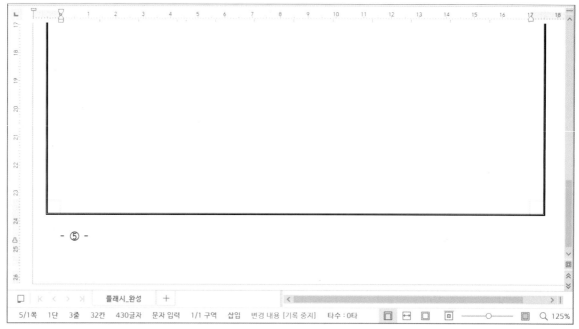

▲ 완성파일 : 플래시_완성.hwpx

 HINT

[쪽 번호 매기기] 대화상자에서 번호 위치는 '왼쪽 하단', 번호 모양은 '원문자', 줄표 넣기 선택, 시작 번호는 '5'를 각각 지정합니다.

'나주역사.hwpx' 파일을 불러와 파란색 파선으로 테두리를 설정하고, 문서 아래 왼쪽에 영문자 쪽번호가 표시되도록 해보세요.

나주읍성과 나주향교

§ 사대문이 복원된 나주읍성

◆ 고려 때 방어 목적으로 나주목을 중심으로 성곽을 지었고, 그렇게 나주읍성이 처음 세워졌다. 조선시대에 와서 성을 확장하고 임진왜란 이후 대대적인 보수를 하면서 석성을 완성했다. 나주읍성은 한양도성과 비슷하다. 동서남북에 성문이 있고 성 내부에 길이 놓여 있다. 동쪽에 동점문, 서쪽에 서성문, 남쪽에 남고문 그리고 북쪽에 북망문이 있다. 석성의 둘레는 약 3.7km로 규모가 상당했으나, 일제 강점기에 모두 강제 철거되었다. 이후 1993년부터 사대문 복원사업을 진행했고 현재 모든 사대문이 복원되었다.

| 나주읍성 남문 | 옛 모습으로 복원된 나주읍성 |

A

▲완성파일 : 나주역사_완성.hwpx

'브랜드.hwpx' 파일을 불러와 이점쇄선의 쪽 테두리를 지정하고, 문서 하단 중앙에 줄표를 제외한 영문 대문자의 쪽 번호를 삽입해 보세요.

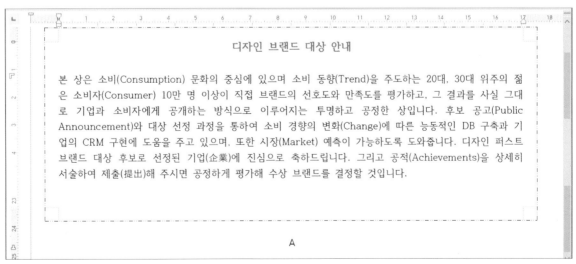

디자인 브랜드 대상 안내

본 상은 소비(Consumption) 문화의 중심에 있으며 소비 동향(Trend)을 주도하는 20대, 30대 위주의 젊은 소비자(Consumer) 10만 명 이상이 직접 브랜드의 선호도와 만족도를 평가하고, 그 결과를 사실 그대로 기업과 소비자에게 공개하는 방식으로 이루어지는 투명하고 공정한 상입니다. 후보 공고(Public Announcement)와 대상 선정 과정을 통하여 소비 경향의 변화(Change)에 따른 능동적인 DB 구축과 기업의 CRM 구현에 도움을 주고 있으며, 또한 시장(Market) 예측이 가능하도록 도와줍니다. 디자인 퍼스트 브랜드 대상 후보로 선정된 기업(企業)에 진심으로 축하드립니다. 그리고 공적(Achievements)을 상세히 서술하여 제출(提出)해 주시면 공정하게 평가해 수상 브랜드를 결정할 것입니다.

A

▲완성파일 : 브랜드_완성.hwpx

 HINT

[쪽 번호 매기기] 대화상자에서 번호 위치는 '가운데 하단', 번호 모양은 '영문 대문자', 줄표 넣기 해제를 각각 선택합니다.

각주와 덧말 삽입하기

한·글·2·0·2·2

본문의 특정 단어에 보충적인 설명을 달거나 인용한 자료의 출처 등을 밝히는 경우 각주나 미주를 사용하고, 특정 단어에 간단한 추가 사항을 삽입할 때에는 덧말을 사용합니다. 여기에서는 각주 와 덧말을 삽입하는 방법에 대해 살펴봅니다.

1 각주 삽입하기

1. '물류.hwpx' 파일을 불러와 각주를 삽입할 글자 뒤에 커서를 위치시키고, [입력] 탭의 펼침(∨) 단추를 누르고 [주석]−[각주]를 선택합니다.

[입력] 탭에서 각주(□) 아이콘을 클릭해도 됩니다.

'총생산(GDP)' 글자 뒤에 커서를 위치시킵니다.

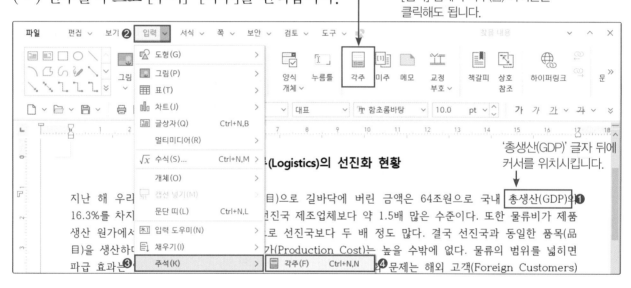

2. 본문 하단에 각주 입력란이 나타나면 'Gross Domestic Product' 라고 입력하고 블록을 설정한 후, 서식 도구 상자에서 글꼴은 '돋움체', 글자 크기는 '9pt', 속성은 '진하게', 글자색은 '빨강'을 각각 지정합니다.

각주 번호는 1번부터 자동으로 삽입됩니다.

1) Gross Domestic Product

3. 각주의 번호 모양인 '1)'을 원문자로 변경하고자 합니다. [주석] 탭에서 번호 모양 (⅟ₐ≣) 아이콘을 클릭하고 [①,②,③]을 선택합니다.

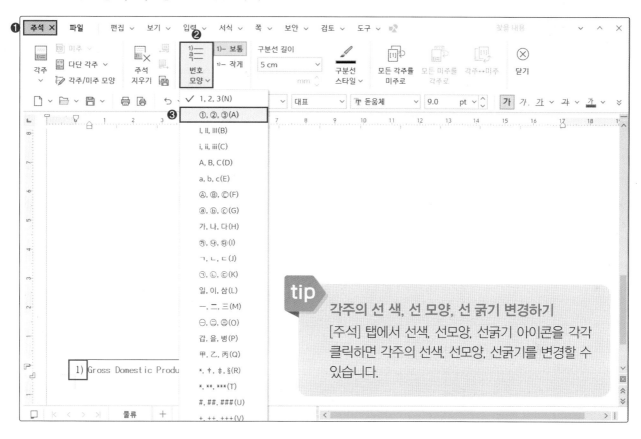

4. 작업이 완료되었으면 각주 화면을 종료하기 위하여 [주석] 탭에서 닫기(⊗) 아이콘을 클릭합니다.

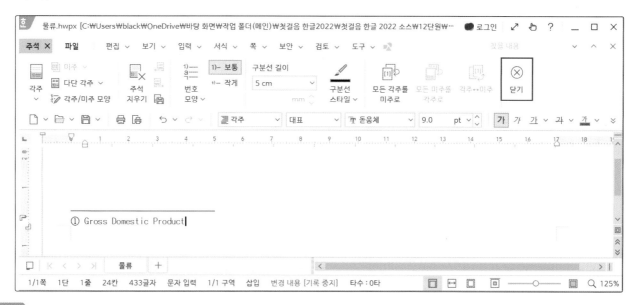

tip

각주와 미주 차이점

각주는 해당 쪽의 하단에 설명을 다는 것이고, 미주는 작업중인 문서의 맨 마지막에 한꺼번에 모아서 설명을 달고 싶을 때 사용합니다. 미주 사용시는 [입력]-[주석]-[미주]를 선택합니다.

1. 덧말을 삽입할 부분을 블록 지정한 후, [입력] 탭의 펼침(∨) 단추를 클릭하고 [덧말 넣기]를 선택합니다.

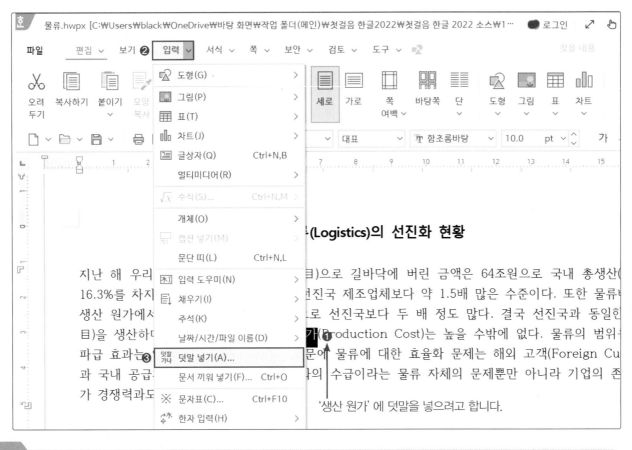

덧말
본문에서 자료의 출처를 밝히거나 보충 설명을 제시할 때 본말의 위/아래에 넣는 기능입니다.

2. [덧말 넣기] 대화상자가 나타나면 '덧말'에 주어진 내용을 입력한 후, 덧말 위치를 '위'로 선택하고, [넣기] 단추를 클릭합니다.

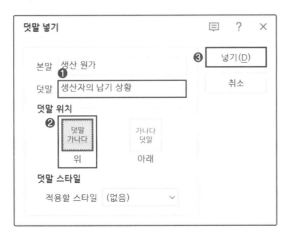

3. 두 번째 덧말을 삽입할 부분을 블록 지정한 후, [입력]−[덧말 넣기]를 선택하여 나타난 [덧말 넣기] 대화상자에서 주어진 내용을 입력하고 '덧말 위치(아래)'를 지정한 다음 [넣기] 단추를 클릭합니다.

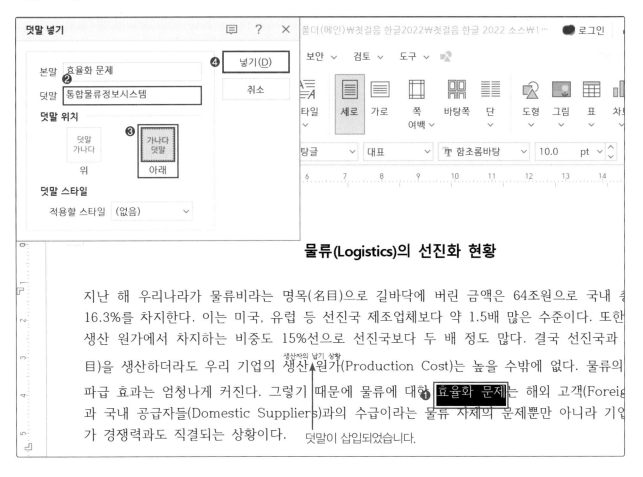

4. 그 결과 해당 부분 위쪽과 아래쪽에 덧말이 각각 삽입된 것을 확인할 수 있습니다.

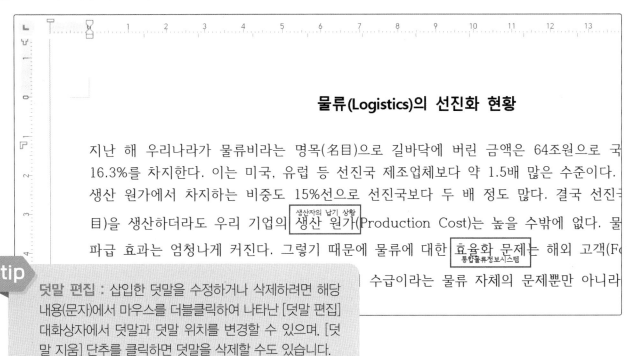

tip

덧말 편집 : 삽입한 덧말을 수정하거나 삭제하려면 해당 내용(문자)에서 마우스를 더블클릭하여 나타난 [덧말 편집] 대화상자에서 덧말과 덧말 위치를 변경할 수 있으며, [덧말 지움] 단추를 클릭하면 덧말을 삭제할 수도 있습니다.

혼자 풀어보기

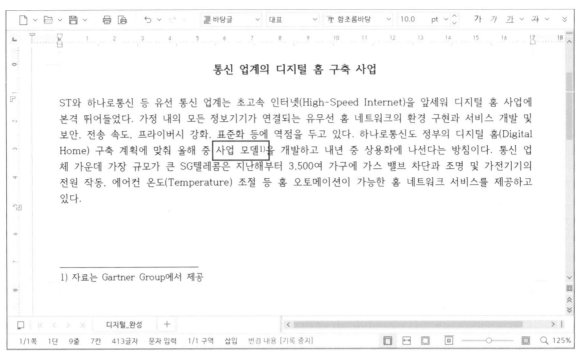

1 '디지털.hwpx' 파일을 불러와 '사업 모델'에 각주를 삽입해 보세요.

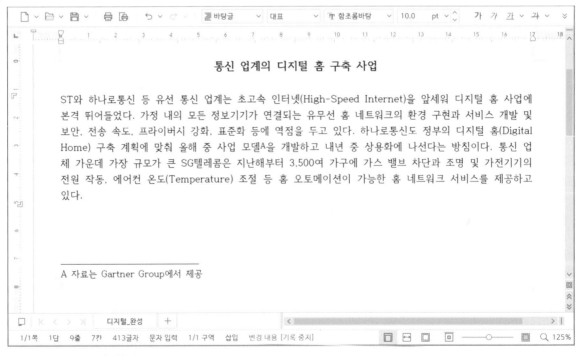

2 각주의 번호 모양을 영문 대문자로 변경해 보세요.

▲완성파일 : 디지털_완성.hwpx

HINT [주석] 탭에서 [번호 모양] 아이콘을 클릭하고 [A,B,C]를 선택합니다.

'FTA.hwpx' 파일을 불러와 '국제 가격'에 덧말('International Price')을 아래쪽에 삽입헤 보세요.

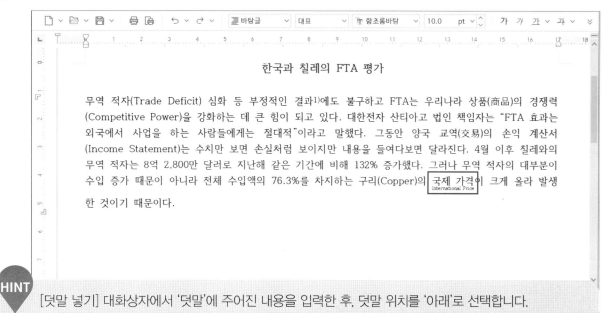

[덧말 넣기] 대화상자에서 '덧말'에 주어진 내용을 입력한 후, 덧말 위치를 '아래'로 선택합니다.

 문서 내용 중 '결과'에 각주를 삽입하고 각주의 선색은 파랑, 선모양은 이중 실선, 선굵기는 0.5mm로 변경해 보세요.

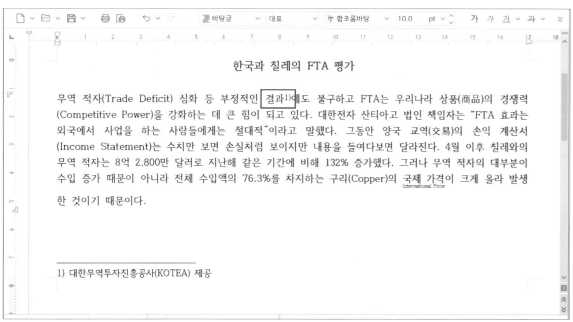

▲완성파일 : FTA_완성.hwpx

[주석] 탭에서 선색, 선모양, 선굵기 아이콘을 클릭하고 주어진 색, 모양, 굵기를 각각 지정합니다.

책갈피와 하이퍼링크 지정하기

한·글·2·0·2·2

책갈피는 현재 위치에 상관없이 표시한 곳으로 커서를 곧바로 이동시키는 기능이고, 하이퍼링크는 문서의 특정 위치를 연결하여 쉽게 참조할 수 있는 기능입니다. 여기에서는 책갈피를 지정한 후, 하이퍼링크로 설정한 책갈피 내용을 연결하는 방법에 대해 살펴봅니다.

1 책갈피 지정하기

1. '환경.hwpx' 파일을 불러와 '환경부에서는' 앞에 커서를 위치시키고, [입력] 탭에서 [책갈피] 메뉴를 선택하거나 책갈피(📑) 아이콘을 클릭합니다.

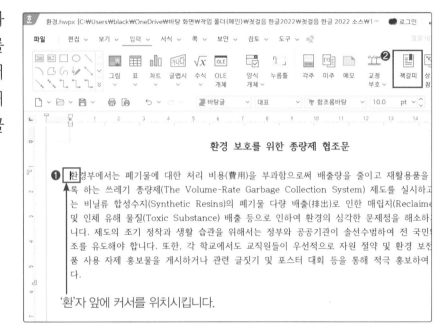

2. [책갈피] 대화상자에서 책갈피 이름에 '환경'을 입력하고 [넣기] 단추를 클릭합니다.

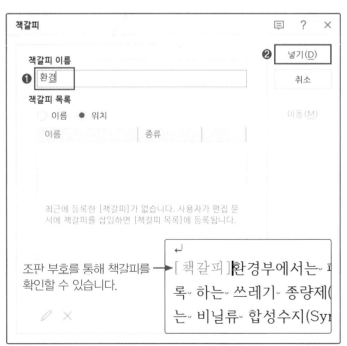

책갈피를 지정했더라도 화면상에는 아무런 변화가 없어서 제대로 지정되었는지 알 수 없습니다. 지정 여부를 확인하고 싶은 경우, [보기] 탭의 펼침(⌄) 단추를 클릭하고 [표시/숨기기]-[조판 부호]를 선택하면 책갈피가 지정된 위치가 빨간 글자로 표시되어 확인할 수 있습니다.

2 하이퍼링크 설정하기

1. 하이퍼링크를 설정할 '1회용품'을 블록 지정한 후, [입력] 탭의 펼침(∨) 단추를 클릭하고 [하이퍼링크]를 선택하거나, [입력] 탭에서 하이퍼링크(⊕) 아이콘을 클릭합니다.

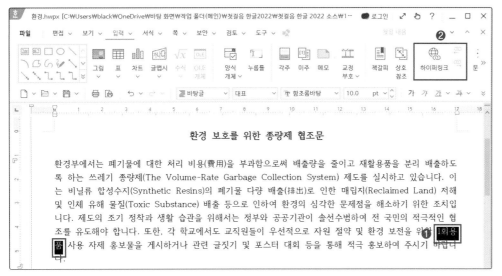

2. [하이퍼링크] 대화상자가 나타나면 [한글 문서] 탭의 [현재 문서]에서 책갈피로 지정한 '환경'을 선택하고 [넣기] 단추를 클릭합니다.

[웹 주소] 탭을 이용하면 클릭시 지정한 웹 사이트로 이동되도록 할 수 있습니다.

3. 하이퍼링크가 설정되면 해당 부분에 파란색의 밑줄이 그어지며, 여기에 마우스를 갖다 놓으면 마우스 포인터가 손 모양으로 변경됩니다.

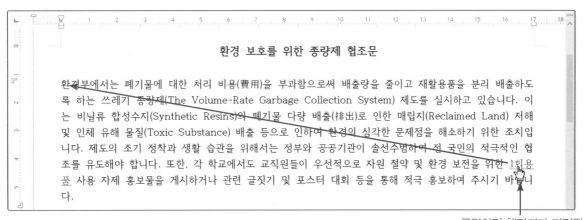

클릭하면 책갈피가 지정된 '환경부' 앞으로 커서가 이동됩니다.

혼자 풀어보기

① '리빙.hwpx' 파일을 블러와 '새해를' 앞에 '디자인'이라는 책갈피를 지정하세요. 그런 다음 '디자인 전시회'에 하이퍼링크를 설정하여 클릭시 지정한 책갈피로 이동하도록 해보세요.

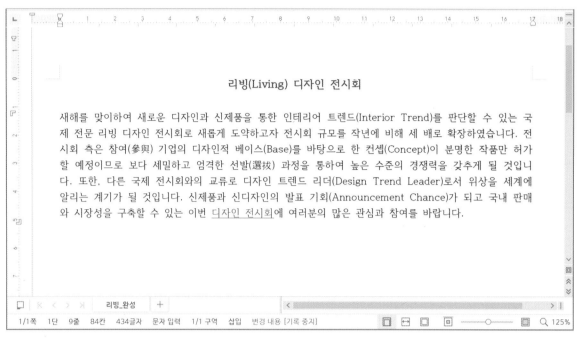

▲완성파일 : 리빙_완성.hwpx

HINT

① '새해를' 앞에 커서를 위치시킨 후, [책갈피] 대화상자에서 책갈피 이름에 '디자인'을 입력합니다.
② 해당 내용을 블록 지정한 후, [하이퍼링크] 대화상자에서 책갈피로 지정한 '디자인'을 선택합니다.

② '역사.hwpx' 파일을 블러와 '청소년들의' 앞에 '과거사'라는 책갈피를 지정하세요. 그런 다음 '역사적 사실'에 하이퍼링크를 설정하여 클릭시 지정한 책갈피로 이동하도록 해보세요.

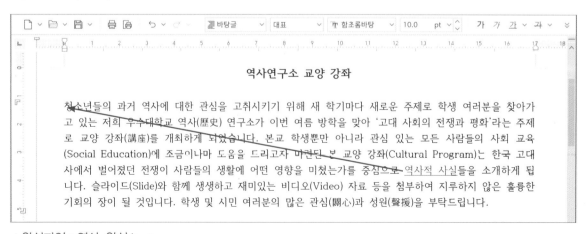

▲완성파일 : 역사_완성.hwpx

3 '수호석.hwpx' 파일을 불러와 소제목별로 다음과 같이 책갈피를 표시해 보세요.

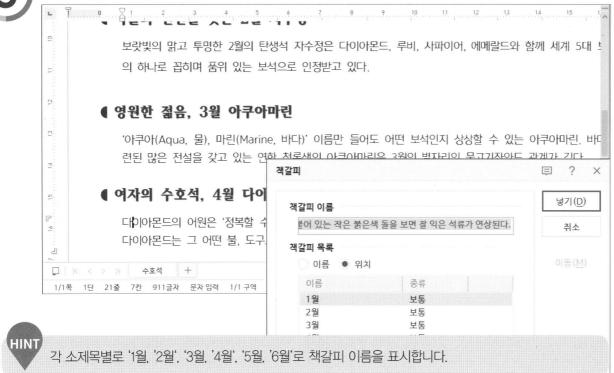

HINT 각 소제목별로 '1월', '2월', '3월', '4월', '5월', '6월'로 책갈피 이름을 표시합니다.

4 첫 번째 페이지의 문서에서 월별로 하이퍼링크를 설정하여 클릭시 해당 월로 이동하도록 해보세요.

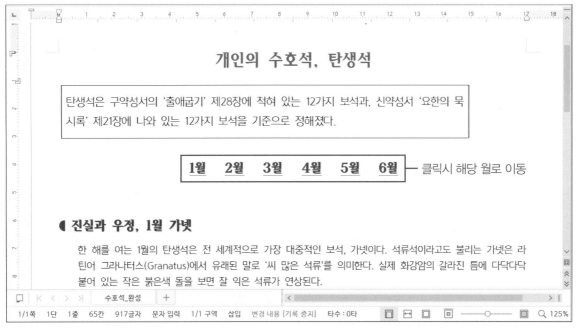

▲완성파일 : 수호석_완성.hwpx

찾기 및 바꾸기

작성한 문서 내용 중에서 특정 단어를 찾거나 잘못된 단어를 검색하여 바꾸기 할 필요가 있습니다. 여기에서는 찾기와 찾아 바꾸기를 통해 원하는 단어를 찾고, 올바른 문서 내용으로 수정하는 방법에 대해 살펴봅니다.

1 찾기

1. '훈련생.hwpx' 파일을 불러온 다음, 특정 단어를 찾으려면 [편집] 탭에서 [찾기]-[찾기] 메뉴를 선택하거나 찾기(📖) 아이콘을 클릭합니다.

tip
찾기 단축키 : Ctrl + F

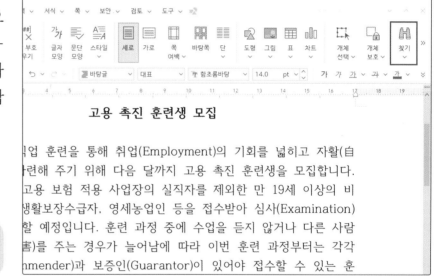

2. [찾기] 대화상자가 나타나면 찾을 내용에 '훈련생'을 입력하고, 찾을 방향은 '문서 전체'를 선택한 후 [모두 찾기] 단추를 클릭합니다. 그러면 '훈련생'이라는 단어를 찾아 커서가 이동됩니다.

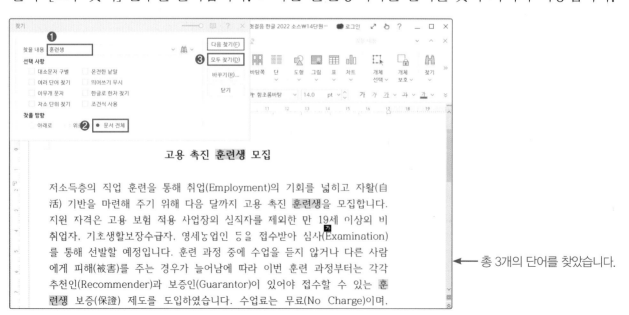

◀── 총 3개의 단어를 찾았습니다.

2 찾아 바꾸기

1. 특정 단어를 찾아 바꾸고 싶으면 [편집] 탭의 펼침(∨) 단추를 클릭하고, [찾기]–[찾아 바꾸기]를 선택합니다(단축키 : [Ctrl]+[F2]).

2. [찾아 바꾸기] 대화상자가 나타나면 찾을 내용에 '수업', 바꿀 내용에 '강의'를 입력하고, 찾을 방향은 '문서 전체'를 선택한 후 [모두 바꾸기] 단추를 클릭합니다.

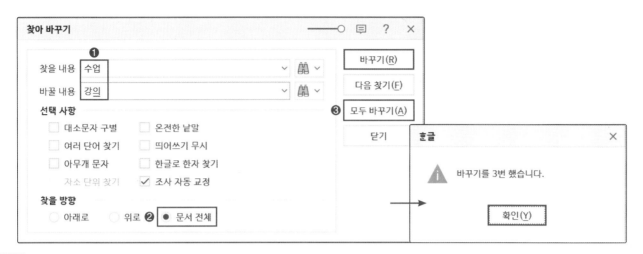

tip 찾을 방향

• **아래로/위로** : 현재 커서가 위치한 곳을 중심으로 아래쪽/위쪽으로 찾습니다.
• **문서 전체** : 현재 커서 위치에 상관없이 문서 전체에서 찾습니다.

3. 그 결과 '수업' 단어가 '강의' 단어로 바뀐 것을 확인할 수 있습니다.

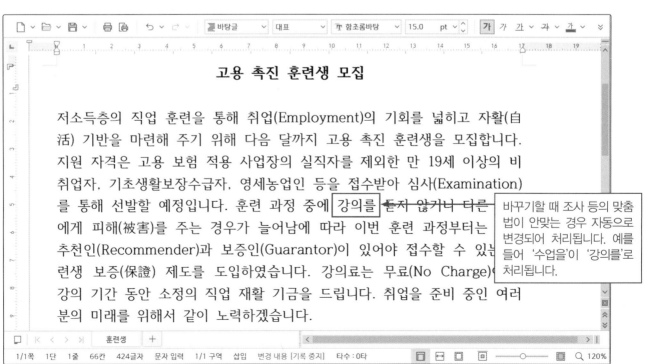

혼자 풀어보기

①
'박람회.hwpx' 파일을 불러와 '화훼' 단어가 몇 개인지 찾아보세요.

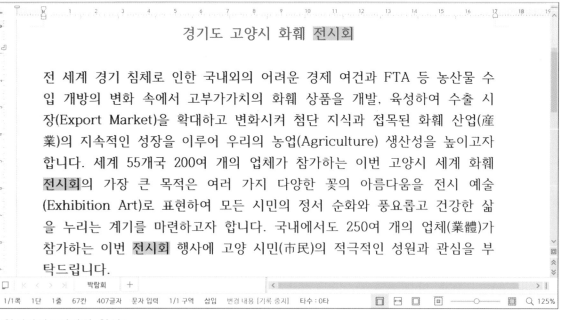

②
본문 내용 중에서 '박람회'란 단어를 '전시회'로 한 번에 찾아 바꾸기 해 보세요.

▲완성파일 : 박람회_완성.hwpx

HINT [찾아 바꾸기] 대화상자에서 찾을 내용에 '박람회', 바꿀 내용에 '전시회'를 입력하고, 찾을 방향은 '문서 전체'를 선택한 후 [모두 바꾸기] 단추를 클릭합니다.

'행사.hwpx' 파일을 불러와 '아시아' 단어가 몇 개인지 찾아보세요.

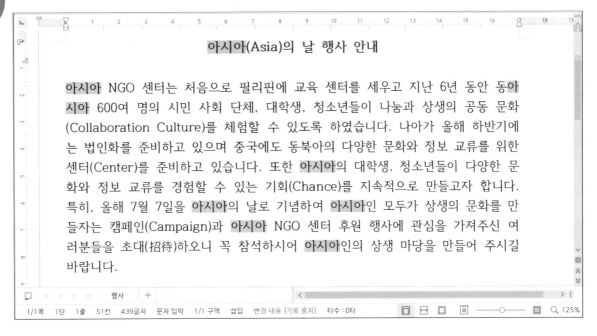

 본문 내용 중에서 '상생'이란 단어를 '사랑'으로 하나씩 확인하면서 찾아 바꾸기 해 보세요.

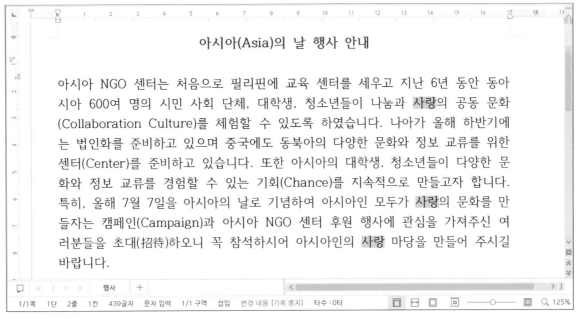

▲완성파일 : 행사_완성.hwpx

 [찾아 바꾸기] 대화상자에서 찾을 내용에 '상생', 바꿀 내용에 '사랑'을 입력하고 찾을 방향은 '문서 전체'를 선택한 후, [모두 바꾸기] 단추가 아닌 [바꾸기] 단추를 클릭하면서 하나씩 바꾸기 합니다.

글상자 삽입과 편집하기

한·글·2·0·2·2

글상자는 단의 경계에 상관없이 커다란 제목을 넣거나 박스형 요약 글을 본문 중간에 삽입하는 기능입니다. 여기에서는 글상자를 삽입하고, 편집하는 방법에 대해 살펴봅니다.

1 글상자 삽입하기

1. '무역.hwpx' 파일을 불러온 다음, 글상자를 삽입하기 위하여 [입력] 탭의 펼침(∨) 단추를 클릭하고 [글상자]를 선택합니다.

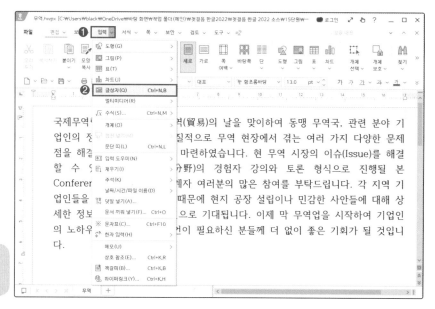

tip

글상자 단축키 : [Ctrl] + [N], [B]

2. 마우스 포인터가 '+' 모양으로 변경되면 화면 상단에 적당한 크기로 드래그하고 손을 떼면 글상자가 삽입됩니다. 마우스로 글상자를 클릭하여 선택한 후, 오른쪽 버튼을 클릭하여 나타난 단축 메뉴에서 [개체 속성]을 선택합니다.

만들어진 글상자가 본문과 겹쳐진 상태이므로 보기좋게 정렬을 할 예정입니다.

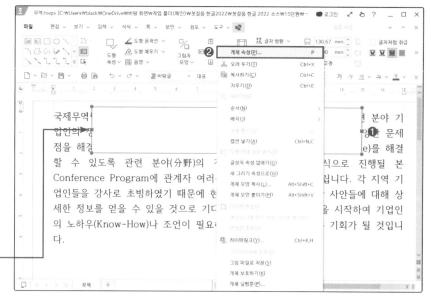

tip

개체 속성 대화상자 : 글상자가 선택된 상태에서 [P] 키를 누르거나, 해당 글상자를 더블클릭해도 됩니다.

3. [개체 속성] 대화상자가 나타나면 [기본] 탭에서 '자리차지'를 선택합니다.

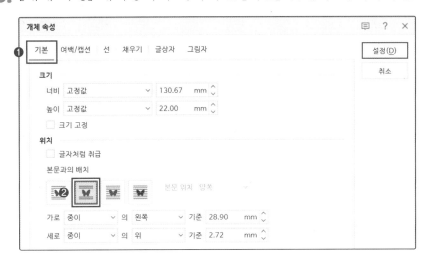

> **tip**
>
> **본문과의 배치 방식**
> - **어울림** : 개체와 본문이 같은 줄을 쓰되, 서로 자리를 침범하지 않고 본문이 개체와 어울리도록 합니다.
> - **자리 차지** : 개체가 개체의 높이만큼 줄을 차지하므로 개체가 차지하는 영역에 본문이 올 수 없습니다.
> - **글 앞으로** : 개체가 없는 것처럼 본문이 채워지고, 개체는 본문 위에 배치합니다.
> - **글 뒤로** : 개체가 없는 것처럼 본문이 채워지고, 개체는 본문의 배경처럼 사용됩니다.

4. 이어서 [선] 탭에서 색은 '파랑', 종류는 '이중 실선', 굵기는 '1mm'를 지정하고, [채우기] 탭에서 면색은 '노랑'을 각각 지정하고 [설정] 단추를 클릭합니다.

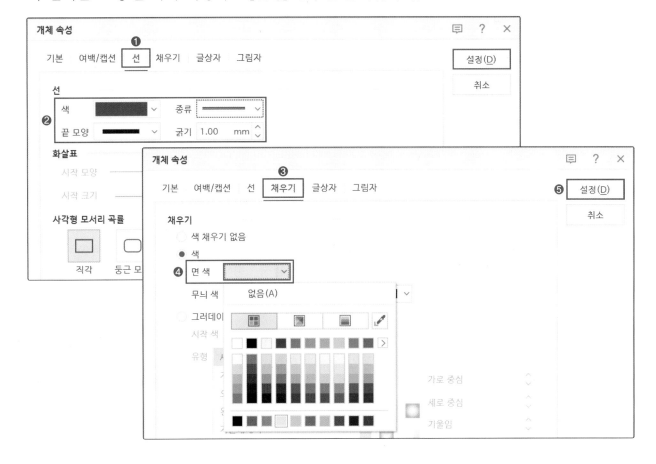

1. 글상자 안에서 마우스를 클릭하여 커서를 위치시킨 후, 주어진 내용을 입력합니다.

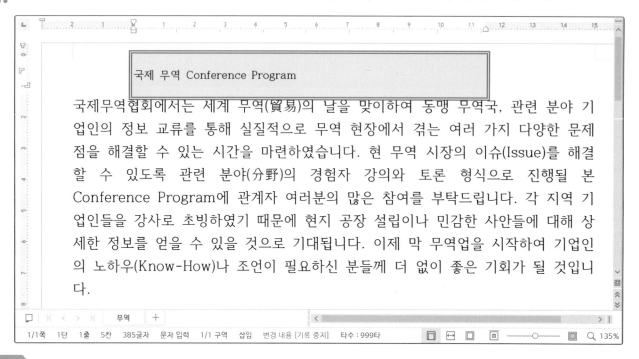

> **tip**
>
> **글상자에 텍스트 입력이 안될 때**
> 글상자가 선택된 상태에서는 커서를 이동할 수 없으므로, 임의의 위치를 클릭하여 선택을 해제한 후, 글상자 안에서 마우스를 클릭하면 커서가 나타납니다.

2. 입력한 내용을 블록 지정한 후, 서식 도구 상자에서 글꼴은 '맑은 고딕', 글자 크기는 '14pt', 글자 색은 '파랑', 정렬 방식은 '가운데 정렬'을 각각 지정합니다.

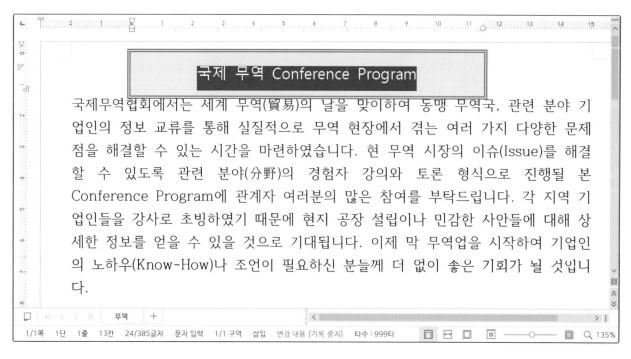

3. 다시 글상자를 선택한 후, [도형] 탭에서 그림자 모양(⌗) 아이콘을 클릭하고 [오른쪽 아래]를 선택합니다.

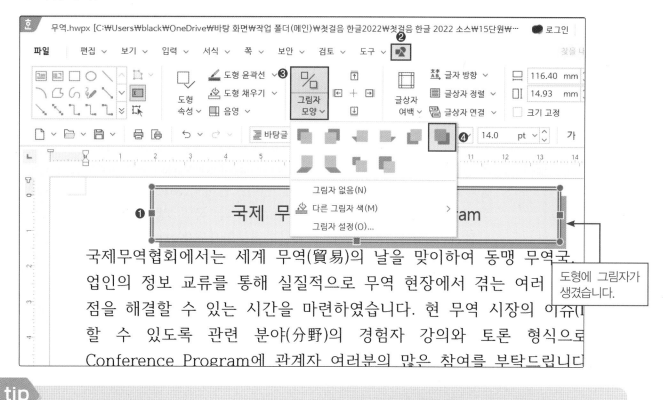

도형에 그림자가 생겼습니다.

> **tip**
>
> 글상자의 그림자 색을 변경하려면 그림자 모양(⌗) 아이콘을 클릭한 다음, [다른 그림자 색] 메뉴를 선택해서 원하는 색상을 선택합니다.

4. 마지막으로 [도형] 탭에서 그림자 오른쪽으로 이동(⬒) 아이콘을 클릭하여 그림자를 좀더 길게 조정하고, 본문도 한줄 띄워 보기좋게 정렬하여 완성합니다.

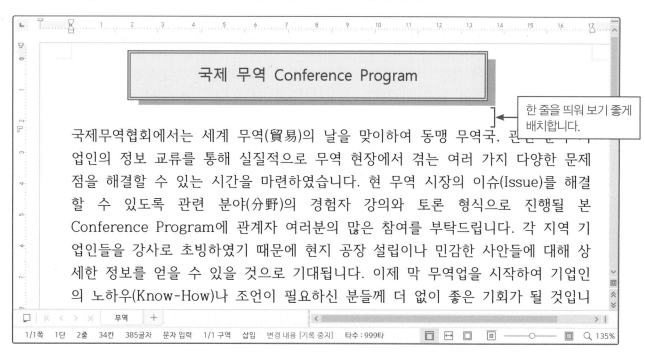

한 줄을 띄워 보기 좋게 배치합니다.

혼자 풀어보기

① '공모전.hwpx' 파일을 불러와 글상자를 삽입한 다음, 선(종류-파선, 굵기-0.5mm)과 채우기(면색-주황)를 지정한 후 임의의 글꼴 서식으로 제목을 입력해 보세요.

플래시 영화 공모전(Flash Movie Contest)

움직임이 우리를 행복(幸福)하게 한다! 원자력(Nuclear Power)의 평화적 이용으로 국가 발전(Development)과 국민 생활(National Life)의 질적인 향상을 추구하는 한국원자력문화재단(Korea Nuclear Energy Foundation)이 우리 생활(生活) 속에서 원자력이 다양하게 활용(活用)되는 경쾌한 움직임을 플래시의 모션(Motion)으로 구현해 보는 움직이면 행복한 세상(Happy World With a Moving)! <원자력 플래시 영화 공모전>을 개최합니다. 참신한 아이디어(Ic[...] 무장한 많은 분들의 성원과 참여를 기대합니[...]

▲완성파일 : 공모전_완성.hwpx

> **HINT** [개체 속성] 대화상자의 [기본] 탭에서 너비는 '100', 높이는 '12', 본문과의 배치는 '어울림'으로 각각 지정합니다.

② '댄스.hwpx' 파일을 불러와 적당한 크기의 글상자를 삽입하고, 글상자에 주어진 제목(임의의 글꼴 서식)을 입력한 후 그림자를 '오른쪽 위'로 지정해 보세요.

전국 청소년 창작 그룹 댄스 경연 대회

한국청소년댄스스포츠연맹(Korea Youth Dance Sports Federation)은 춤에 대한 인식 전환을 통해 건전한 청소년의 여가 문화를 유도하고 학업 위주의 단일 가치관을 불식시키고자 매년 댄스 경연대회를 개최하고 있습니다. 춤은 더 이상 비행 청소년들의 오락이나 전유물이 아닙니다. 오늘날의 춤은 사교적 목적보다는 신체 단련을 위한 운동(運動)이라는 측면에 더욱 비중을 두어 생활 체육의 한 분야로 발전(發展)하였습니다. 청소년들의 다양한 잠재력(Potential Energy)을 개발(開發)하고 창작 활동(活動) 지원을 통한 사기 진전과 자긍심(Self-Conceit) 배양(培養)을 목적으로 하는 이번 경연대회에 청소년 여러분의 많은 참여를 바랍니다.

▲완성파일 : 댄스_완성.hwpx

> **HINT** [개체 속성] 대화상자의 [기본] 탭에서 너비는 '115', 높이는 '12', 본문과의 배치는 '어울림', [선] 탭에서 색은 '빨강', 종류는 '이중 실선', 굵기는 '1mm', [채우기] 탭에서 면색은 '노랑'을 각각 지정합니다.

3 글상자를 이용하여 제목을 작성한 다음, 내용을 입력해서 다음과 같이 만들어 보세요.

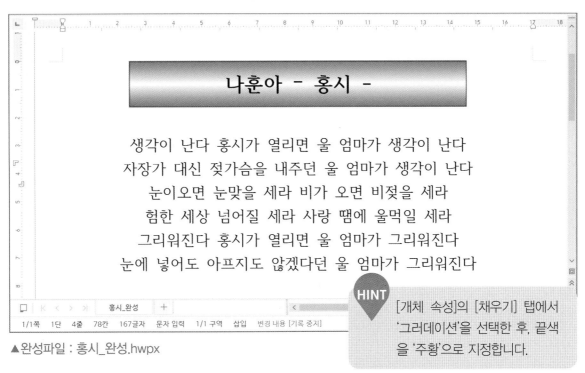

 HINT [개체 속성]의 [채우기] 탭에서 '그러데이션'을 선택한 후, 끝색을 '주황'으로 지정합니다.

▲완성파일 : 홍시_완성.hwpx

4 글상자를 삽입하여 모서리 곡률을 '반원' 형태로 바꾸고, 본문을 입력해서 다음과 같이 만들어 보세요.

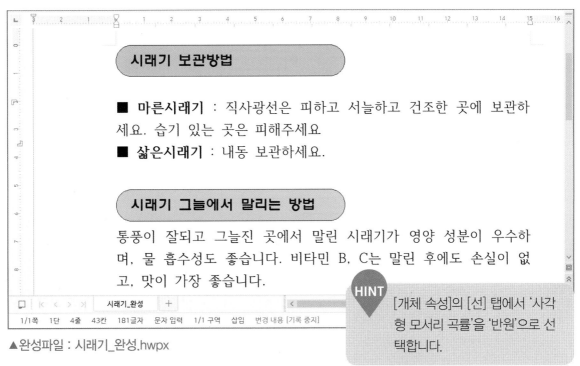

HINT [개체 속성]의 [선] 탭에서 '사각형 모서리 곡률'을 '반원'으로 선택합니다.

▲완성파일 : 시래기_완성.hwpx

SECTION 16 글맵시 삽입과 편집하기

글맵시는 글자를 구부리거나 글자에 외곽선 입히기, 면 채우기, 그림자 설정, 회전 등의 다양한 효과를 주어 문자를 꾸미는 기능입니다. 여기에서는 글맵시를 삽입하고 편집하는 방법에 대해 살펴봅니다.

1 글맵시 삽입하기

1. '휴일.hwpx' 파일을 불러와 글맵시를 삽입하기 위하여 문장 끝에 커서를 위치시키고, [입력] 탭에서 [개체]–[글맵시] 메뉴를 선택하거나 글맵시(📑) 아이콘을 클릭합니다.

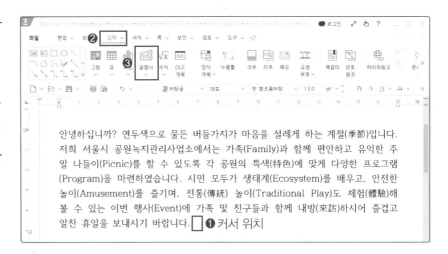

2. [글맵시 만들기] 대화상자가 나타나면 내용 입력란에 주어진 내용을 입력한 후, 글꼴은 '맑은 고딕', 글자 간격은 '110', 글맵시 모양은 '역갈매기형 수장'을 선택하고 [설정] 단추를 클릭합니다.

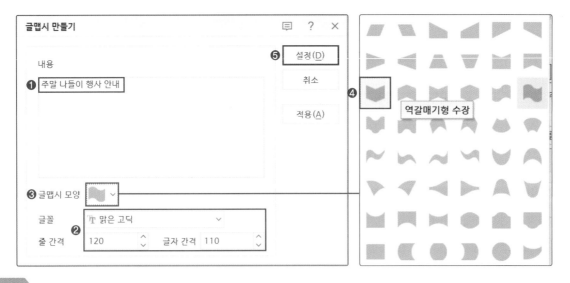

> **tip**
> **글맵시 모양 변경하기** : 글맵시를 삽입한 후, [글맵시] 탭에서 글맵시 모양(◁) 아이콘을 클릭하면 모양을 변경할 수 있습니다.

1. 글맵시가 선택된 상태에서 글맵시를 더블클릭하거나, [글맵시] 탭에서 글맵시 속성(📝) 아이콘을 클릭합니다.

2. [개체 속성] 대화상자가 나타나면 [기본] 탭에서 크기(너비, 높이)와 위치(글자처럼 취급)를 다음과 같이 지정하고 [설정] 단추를 클릭합니다.

3. 글맵시 끝에 커서를 위치시킨 후, 서식 도구 상자에서 가운데 정렬(￼) 아이콘을 클릭하여 중앙으로 이동시켜 완성합니다.

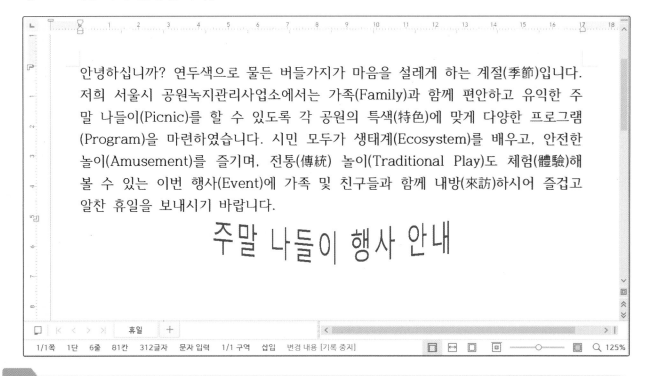

tip **글맵시 색 변경하기** : 글맵시를 선택한 후, [글맵시] 탭에서 채우기 아이콘을 클릭하여 원하는 색을 선택합니다.

혼자 풀어보기

① '음악회.hwpx' 파일을 불러와 '나비넥타이' 모양의 글맵시를 삽입(너비 120, 높이 : 15)하고 내용을 입력해 보세요.

안녕하십니까? 5월의 녹음(綠陰)이 더없이 싱그러운 요즘입니다. 전통과 미래가 어우러진 지성의 산실(産室)인 우리 최고대학교가 올해로 개교 30주년을 맞이했습니다. 본교는 따뜻한 인간미와 창조적 지성을 지닌 인재를 양성(養成)하고 학술 및 문화의 진흥을 도모하는 배움의 터전으로 사랑, 진실, 자율을 바탕으로 세계 속의 대학으로 거듭나고 있습니다. 한국의 이러한 발전(發展)을 축하하고 한국인들의 모교에 대한 자부심을 확인할 수 있는 뜻깊은 음악회를 마련하였습니다. 세계적인 성악가들과 함께하는 음악 여행(旅行)에 여러분을 초대하오니 재학생 및 교직원, 동문 여러분의 많은 참여(參與)를 바랍니다.

개교 30주년 기념 Big 5 Concert

음악회 +

HINT [글맵시 만들기] 대화상자에서 내용 입력란에 주어진 내용을 입력한 후, 글꼴은 '돋움체', 글자 간격은 '105', 글맵시 모양은 '나비넥타이'를 선택합니다.

② '광고.hwpx' 파일을 불러와 '물결 1' 모양의 글맵시를 삽입하고, 글맵시의 크기(너비 : 110, 높이 : 14)와 색상(빨간색)을 조절한 후 가운데 정렬해 보세요.

기업의 마케팅 경쟁력(Competitive Power) 강화와 광고(Advertisement) 문화 창달을 위해 2010년부터 시상하고 있는 <무지개광고대상>이 올해로 20회를 맞이합니다. <무지개광고대상>은 아이디어(Idea)의 참신성, 생활에 유익한 정보성, 기업 이미지에 대한 마케팅(Marketing) 기여도, 공공성 등을 기준으로 광고 전문가(Expert)와 소비자(Consumer)가 함께 뽑고 시상하는 상입니다. 기업들의 제품 홍보(Public Relations)와 이미지(Image) 제고 노력이 담겨 있는 후보 작품들은 전문심사위원들의 공정하고 엄격한 심사와 인터넷을 통한 소비자 평가를 종합적으로 고려하여 최종 결정됩니다. 국내 광고 산업(Industry)의 발전과 활성화를 위한 <무지개광고대상> 선정에 많은 관심과 참여를 부탁드립니다.

제20회 무지개광고대상 접수

광고 +

HINT [글맵시 만들기] 대화상자에서 내용 입력란에 주어진 내용을 입력한 후, 글꼴은 '궁서체', 글자 간격은 '110', 글맵시 모양은 '물결 1'을 선택합니다.

3 '구인광고' 파일을 불러와 글맵시를 삽입한 후, 글맵시 모양을 '아래쪽 수축'으로 바꾸고 채우기색과 윤곽선도 임의로 바꾸어 꾸며보세요.

▲완성파일 : 구인광고_완성.hwpx

4 글맵시를 이용하여 다음과 같이 건강검진 문서를 만들어 보세요.

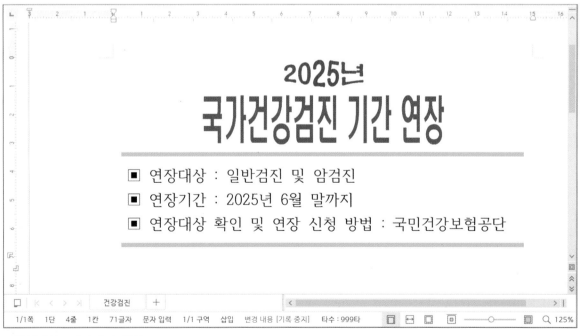

▲완성파일 : 건강검진_완성.hwpx

SECTION 17

표 작성과 편집하기

표는 내용 분류가 필요한 데이터를 일목요연하게 정리할 때 사용하는 기능으로, 표를 이용하면 문서의 가독성이 높아져 보기에 편합니다. 여기에서는 기본적인 표를 작성한 후, 다양한 방법으로 표를 편집하는 방법에 대해 살펴봅니다.

1 표 작성하기

1. 문서 제목을 입력하여 '놀이.hwpx'로 저장한 후, [편집] 탭이나 [입력] 탭의 표 펼침(∨) 단추를 클릭하고 [표 만들기]를 선택합니다.

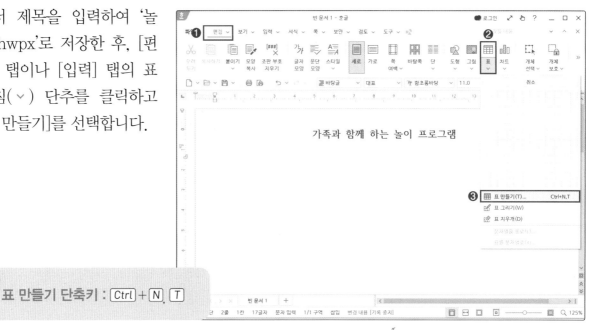

tip
표 만들기 단축키 : Ctrl + N, T

2. [표 만들기] 대화상자가 나타나면 줄 수는 '7', 칸 수는 '5'를 입력한 후, '글자처럼 취급'을 선택하고 [만들기] 단추를 클릭합니다.

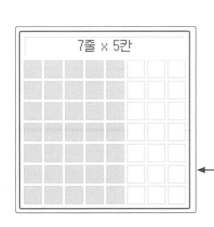

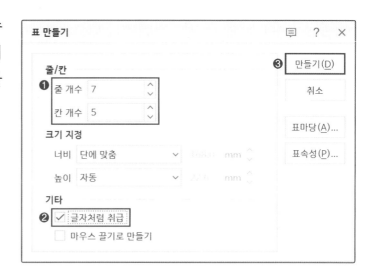

위 1번 그림에서 원하는 만큼 마우스로 드래그하여 손을 떼도 7행 5열의 표가 만들어집니다.

3. 표가 만들어지면 다음과 같이 표 내용을 각각 입력합니다.

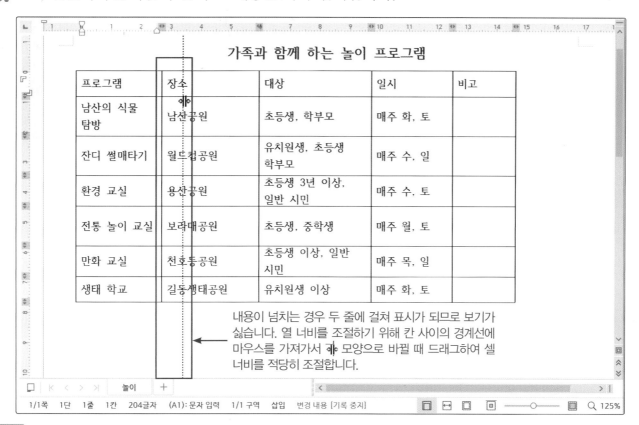

4. 높이도 좀더 넓게 조절해 보겠습니다. 마우스로 드래그하여 블록 지정한 후, Ctrl + ↓ 키를 누를 때마다 행 높이가 같이 늘어납니다.

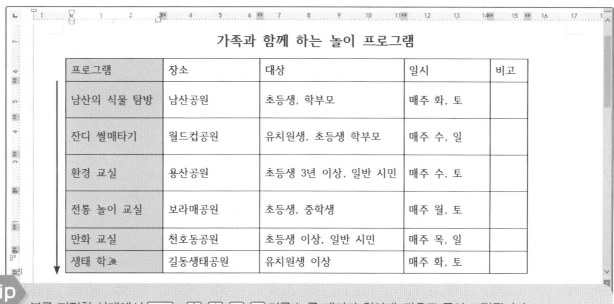

1. 4행 다음에 새로운 행을 추가하기로 합니다. 4행에 커서를 위치시킨 후, [표 레이아웃] 탭에서 아래에 줄 추가하기(□) 아이콘을 클릭합니다.

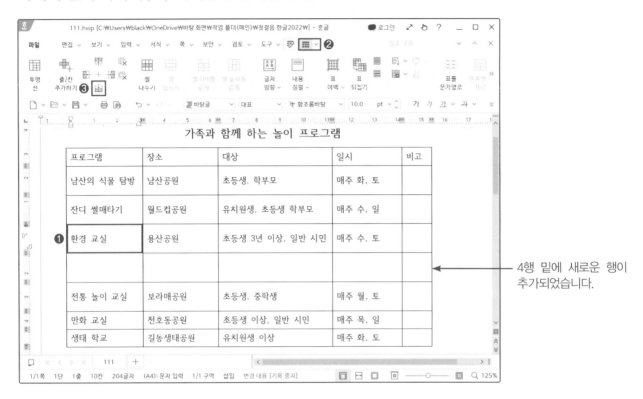

4행 밑에 새로운 행이 추가되었습니다.

2. 추가된 행에 주어진 내용을 입력합니다. 이어서 '비고' 열을 재배치해보기로 합니다. '비고' 열의 해당 부분을 블록 지정하고, [표 레이아웃] 탭에서 셀 합치기(田) 아이콘을 클릭하여 하나의 셀로 통합시킵니다.

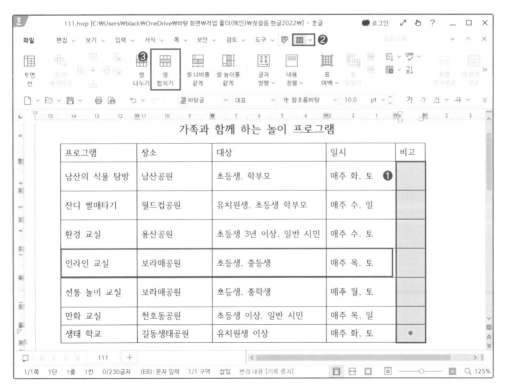

3. 다시 '비고'의 칸을 2개로 나누기 위해 '비고'를 선택한 뒤, [표 디자인] 탭에서 셀 나누기(⊞) 아이콘을 클릭하여 나타난 [셀 나누기] 대화상자에서 '줄 개수'는 선택을 해제하고, '칸 개수'를 선택해서 '2'를 지정한 다음 [나누기] 단추를 클릭합니다.

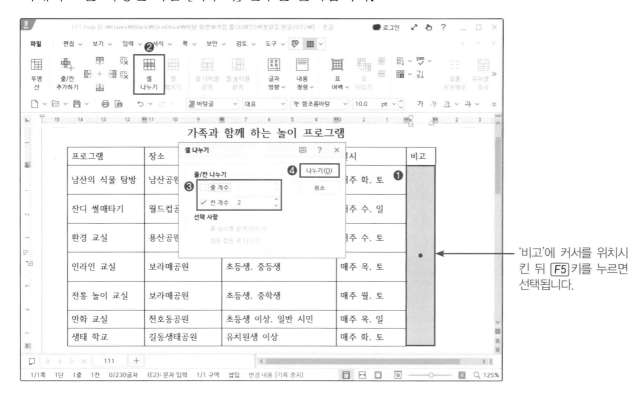

'비고'에 커서를 위치시킨 뒤 **F5** 키를 누르면 선택됩니다.

4. 제목과 시간 항목은 가운데 정렬하기로 합니다. 표에서 해당 행/열을 **Ctrl** 키를 누른 채 차례대로 선택하여 동시에 블록 지정한 후, 가운데 정렬(▤) 아이콘을 클릭하여 정렬합니다.

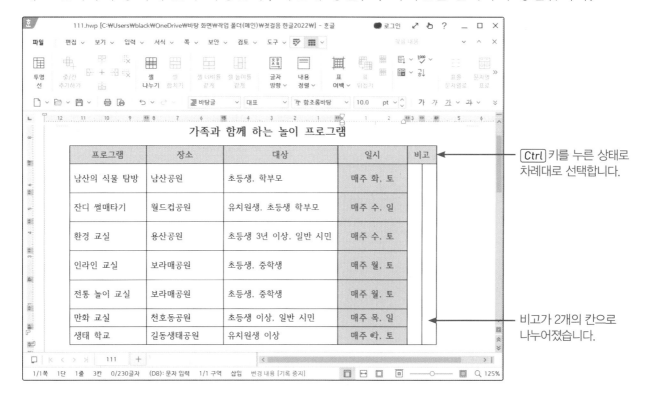

Ctrl 키를 누른 상태로 차례대로 선택합니다.

비고가 2개의 칸으로 나누어졌습니다.

혼자 풀어보기

① 다음의 표를 작성한 후, 행 높이와 열 너비를 적당히 조절해 보세요.

복지 시설별 모금 금액 현황

지역	금액	담당자	복지 시설	비고
도봉구	750만원	유인욱	웃음의 집(Smile Hous)	
서초구	1,350만원	박명아	하늘 공동체(Sky 1004 Center)	
계양구	800만원	맹재홍	인천 실버 타운(Incheon Silver Town)	
유성구	770만원	이금순	소망 아동 센터(Hope Child Center)	
대덕구	1,570만원	남홍진	메아리 요양원(Echo Home)	
강남구	950만원	조현복	자비 복지원(Mercy Center)	

② 6행 아래에 새로운 행을 삽입하여 내용을 입력한 후, '비고' 열을 셀 병합해 보세요.

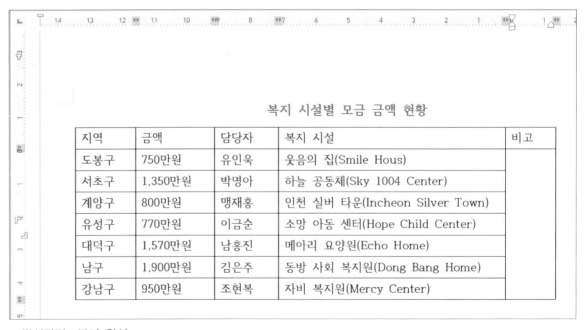

복지 시설별 모금 금액 현황

지역	금액	담당자	복지 시설	비고
도봉구	750만원	유인욱	웃음의 집(Smile Hous)	
서초구	1,350만원	박명아	하늘 공동체(Sky 1004 Center)	
계양구	800만원	맹재홍	인천 실버 타운(Incheon Silver Town)	
유성구	770만원	이금순	소망 아동 센터(Hope Child Center)	
대덕구	1,570만원	남홍진	메아리 요양원(Echo Home)	
남구	1,900만원	김은주	동방 사회 복지원(Dong Bang Home)	
강남구	950만원	조현복	자비 복지원(Mercy Center)	

▲완성파일 : 복지_완성.hwpx

HINT

① 6행에 커서를 위치시킨 후, [아래에 줄 추가하기] 아이콘을 클릭합니다.

② '비고' 열을 블록 지정하고 [셀 합치기] 아이콘을 클릭합니다.

다음의 표를 주어진 형태대로 작성한 후, 행 높이와 열 너비를 조절해 보세요.

인천시 경기 일정 안내

구분	참가 자격	경기 시간	경기장	비고
대학생부	대학생	금요일(AM 10시)	제1구장	
청년부	25세 이상	토요일(PM 3시)	제2구장	
장년부	40세 이상	일요일(AM 10시30분)	제3구장	
여자신인부	운동 1년차	토요일(AM 11시)	제1구장	
남자신인부	운동 2년차	일요일(PM 4시)	제2구장	
선수부	운동 5년차 이상	토요일(AM 9시30분)	제3구장	
노인부	60세 이상	금요일(PM 2시30분)	제1구장	

HINT 제목 행과 '경기장' 열은 가운데 정렬합니다.

 셀 나누기를 이용하여 구분 열에 '종목'을 추가하여 내용을 입력하고, 비고 열의 칸은 2개로 나누어 보세요.

인천시 경기 일정 안내

구분	종목	참가 자격	경기 시간	경기장	비고	
대학생부	농구	대학생	금요일(AM 10시)	제1구장		
청년부	축구	25세 이상	토요일(PM 3시)	제2구장		
장년부	배드민턴	40세 이상	일요일(AM 10시30분)	제3구장		
여자신인부	테니스	운동 1년차	토요일(AM 11시)	제1구장		
남자신인부	테니스	운동 2년차	일요일(PM 4시)	제2구장		
선수부	배구	운동 5년차 이상	토요일(AM 9시30분)	제3구장		
노인부	탁구	60세 이상	금요일(PM 2시30분)	제1구장		

▲완성파일 : 경기_완성.hwpx

HINT 각 열 너비를 조절한 후 구분 열을 블록 지정하고, [표 디자인] 탭에서 [셀 나누기] 아이콘을 클릭하여 '칸 개수'를 '2'로 지정한 다음 [나누기] 단추를 클릭합니다.

SECTION 18

차트 삽입하고 편집하기

한·글·2·0·2·2

차트 기능을 이용하면 숫자 자료의 변화를 한눈에 알아보기 쉽게 차트로 만들 수 있습니다.
여기에서는 원하는 차트를 만든 다음, 다양하게 편집하고 응용하는 방법에 대해 배워봅니다.

1 차트 삽입하기

1. '타이어판매현황.hwp' 파일을 불러옵니다. 셀 전체를 블록 설정한 다음, [입력] 메뉴의 펼침(∨) 단추를 클릭하여 [차트]-[묶은 세로 막대형]을 선택합니다.

차트(⬚) 아이콘을 눌러 선택해도 됩니다.

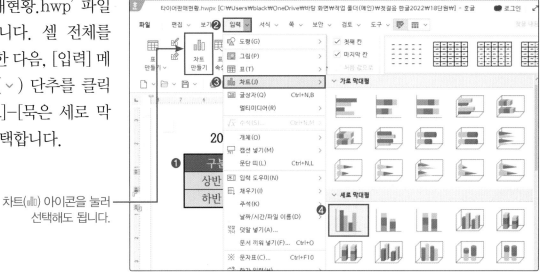

2. [차트 데이터 편집] 대화상자가 나타나면 [닫기]를 클릭하여 창을 닫습니다.

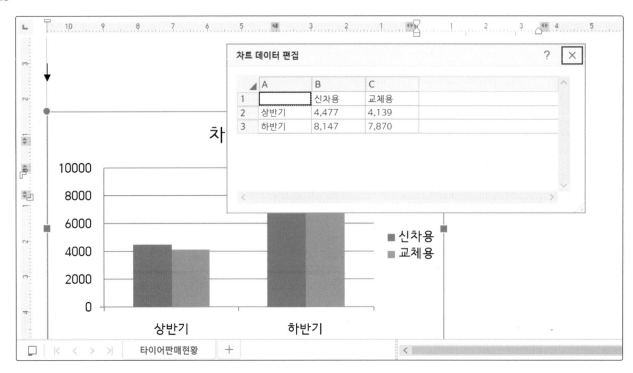

3. 다음과 같이 묶은 세로 막대형 차트가 표 위에 삽입됩니다. 차트의 위치를 변경하기 위해 차트 영역에서 마우스 오른쪽 단추를 클릭하여 나타난 단축 메뉴에서 [배치]-[글자처럼 취급]을 선택합니다.

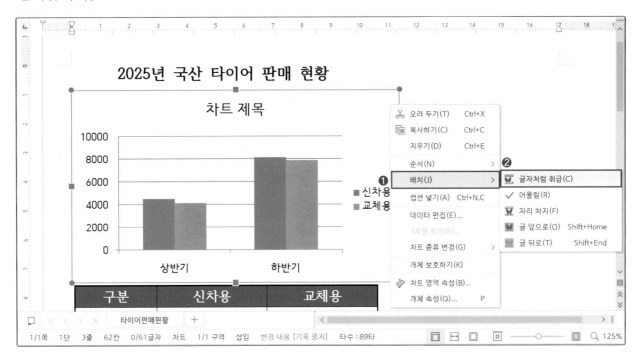

4. 차트가 표 아래로 이동하면 크기 조절 핸들을 마우스로 드래그하면서 크기를 조절하여 보기좋게 만듭니다. 이어서 서식을 설정하여 차트를 꾸밀 차례입니다.

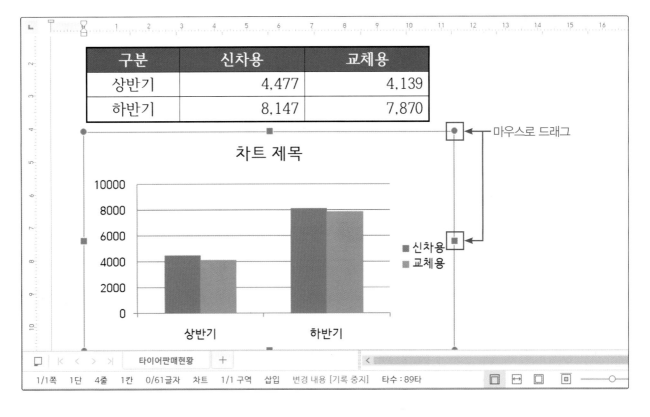

1. 차트 제목을 변경하려면 차트 제목 영역을 선택한 다음, 마우스 오른쪽 단추를 클릭하여 나타난 단축 메뉴에서 [제목 편집]을 클릭합니다.

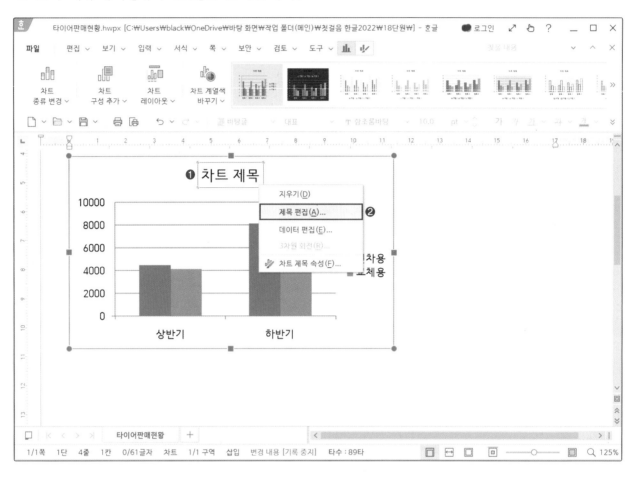

2. [차트 글자 모양] 대화상자가 나타나면 차트 제목을 입력하고 한글 글꼴은 '굴림', 속성은 (진하게), 크기는 '14pt'로 설정한 후 [설정]을 클릭합니다.

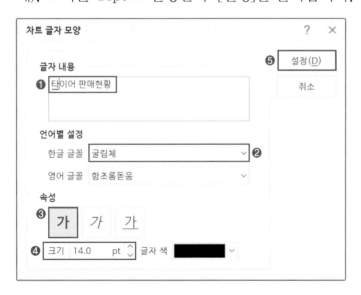

3. 차트 제목의 면색을 설정하기 위해 [차트 서식] 탭을 클릭합니다. [도형 윤곽선]을 클릭하여 '검정'을 삽입하고, [도형 채우기]를 클릭하여 '노랑'을 선택합니다.

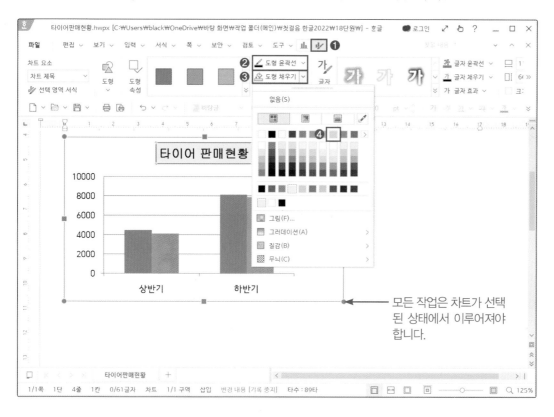

모든 작업은 차트가 선택
된 상태에서 이루어져야
합니다.

4. 차트 계열색을 바꾸려고 합니다. [차트 디자인](📊) 탭을 클릭한 다음, [차트 계열색 바꾸기]를 클릭하여 '색 3'을 선택합니다.

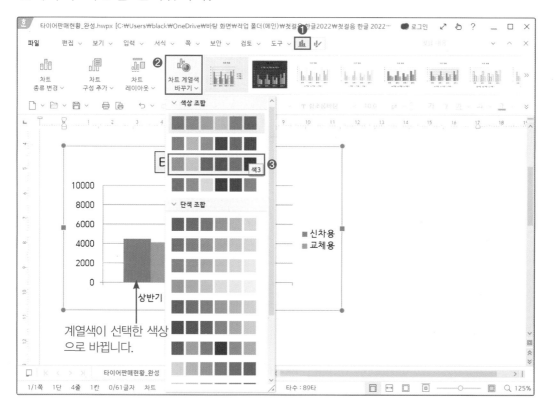

계열색이 선택한 색상
으로 바뀝니다.

5. 차트 배경색을 바꾸고자 합니다. 차트 영역을 선택한 다음, [차트 서식] 탭을 클릭합니다. [도형 채우기]를 클릭하여 보라색을 선택합니다.

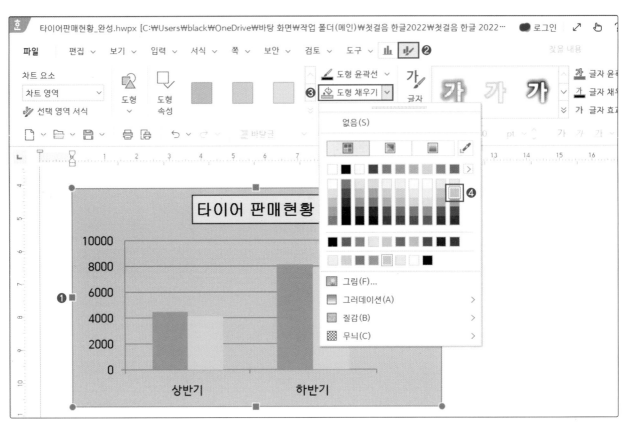

6. 가로 눈금선을 삭제하기 위해 [차트 디자인](📊) 탭에서 [차트 구성 추가]를 클릭합니다. 이어서 [눈금선]-[기본 주 가로]를 클릭하여 체크 표시를 해제합니다.

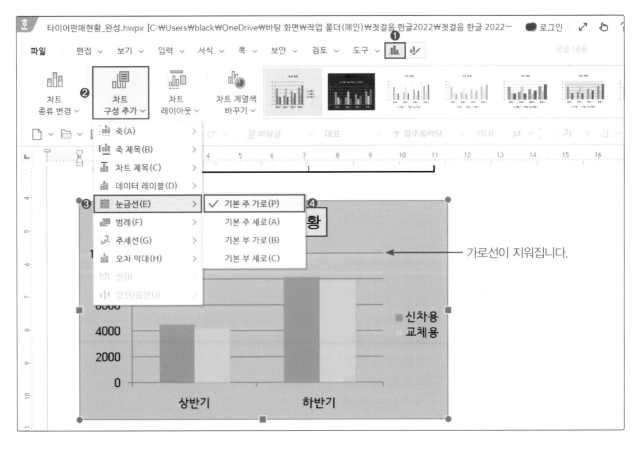

7. 세로 축 값을 바꾸려면 세로 축에서 마우스 오른쪽 단추를 클릭하여 [축 속성]을 선택합니다.

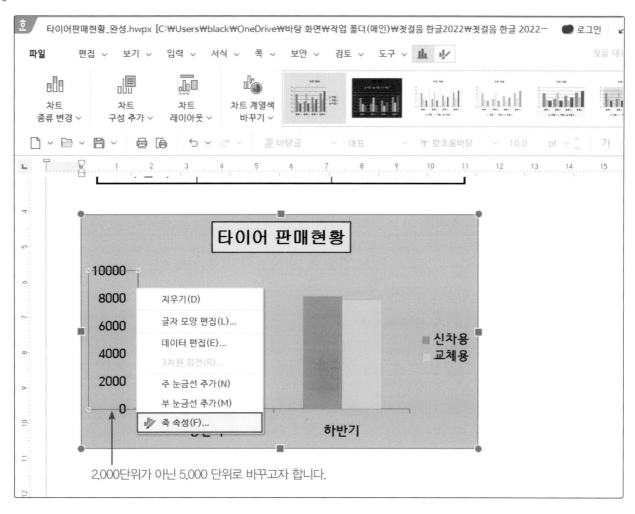

2,000단위가 아닌 5,000 단위로 바꾸고자 합니다.

8. 나타난 [개체 속성] 대화상자의 [축 속성]을 선택한 다음, 최솟값은 '0', 최댓값은 '10000', 주 단위는 '5000'을 입력하여 완성합니다.

완료 후 이곳을 눌러 [개체 속성] 창을 닫습니다.

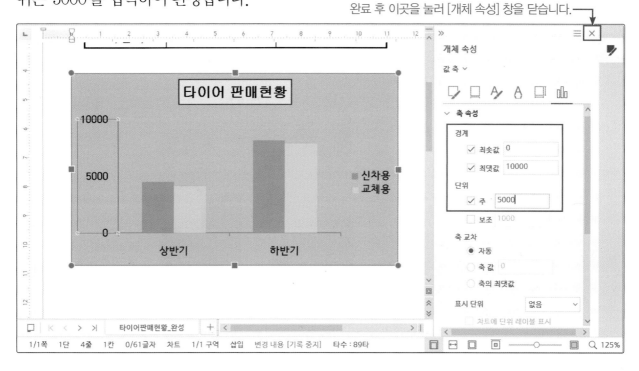

1 다음과 같이 표를 작성한 후, 묶은 세로 막대형 차트를 삽입해 보세요.

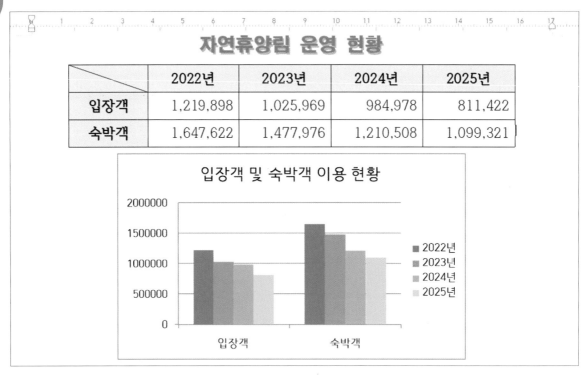

자연휴양림 운영 현황

	2022년	2023년	2024년	2025년
입장객	1,219,898	1,025,969	984,978	811,422
숙박객	1,647,622	1,477,976	1,210,508	1,099,321

▲완성파일 : 운영현황.hwpx

2 차트 계열색은 '색 4'로 바꾸고, 차트 제목은 원하는 글꼴과 색으로 변경해 보세요.

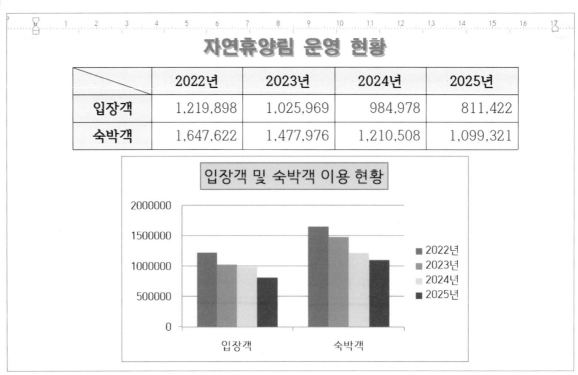

자연휴양림 운영 현황

	2022년	2023년	2024년	2025년
입장객	1,219,898	1,025,969	984,978	811,422
숙박객	1,647,622	1,477,976	1,210,508	1,099,321

▲완성파일 : 운영현황_완성.hwpx

다음과 같이 표를 작성한 후, 묶은 가로 막대형 차트를 삽입해 보세요.

경영 관리 취업 지원자 현황

	2022년	2023년	2024년	2025년
여자	22.5	17.8	15.3	30.6
남자	30.8	25.9	40.1	32.6

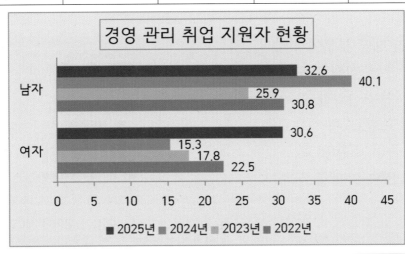

 차트의 배경색과 차트 계열색을 설정해보고, 데이터 레이블을 표시해 보세요.

	2022년	2023년	2024년	2025년
여자	22.5	17.8	15.3	30.6
남자	30.8	25.9	40.1	32.6

▲완성파일 : 자원현황_완성.hwpx

 HINT

• [차트 구성 추가]−[데이터 레이블]−[표시]를 클릭하여 데이터 레이블을 차트에 표시합니다.
• [범례]를 선택한 후, 오른쪽 단추를 눌러 나타난 단축 메뉴에서 [범례 속성]을 눌러 '아래쪽'을 선택합니다.

SECTION 19

그리기 개체 삽입과 편집하기

그리기 개체는 도형 등을 이용하여 문서 내용을 보다 시각적으로 표현할 수 있는 기능입니다.
여기에서는 여러 가지 도형을 삽입하고 다양하게 편집하는 방법에 대해 살펴봅니다.

---

1 그리기 개체 삽입하기

1. '포럼.hwpx' 파일을 불러온 다음, [편집] 탭에서 도형 (📐) 아이콘을 클릭하고 [타원]을 선택합니다.

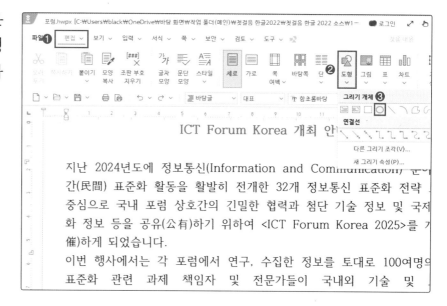

2. 마우스 포인터가 '+' 모양으로 변경되면 해당 부분에서 Shift 키를 누른 상태로 드래그하여 정원을 삽입한 후, [도형] 탭의 도형 [도형 채우기] 메뉴를 눌러 '주황(RGB: 255,102,0) 80% 밝게'를 선택합니다.

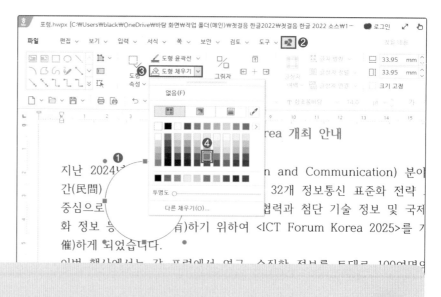

> **tip**
>
> **도형 작성**
> - Shift + 드래그 : 정사각형/정원과 같이 가로와 세로 비율이 동일한 상태로 삽입됩니다.
> - Ctrl + 드래그 : 시작점의 위치가 도형의 중심점을 기준으로 상하좌우로 삽입됩니다.

3. 이번에는 해당 위치에 정사각형을 삽입한 후, [도형] 탭에서 [도형 채우기] 메뉴를 눌러 '보라 (RGB: 128,0,128) 80% 밝게'를 선택합니다.

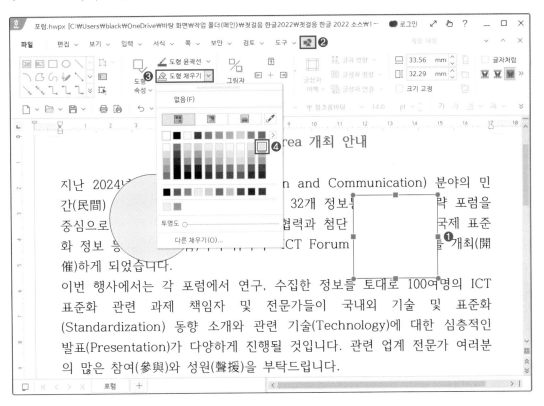

4. Ctrl 키를 누른 상태에서 정사각형을 왼쪽으로 드래그하여 복사한 후 크기를 줄이고, 채우기 색을 '노랑(RGB: 255,255,0) 60% 밝게'로 변경합니다.

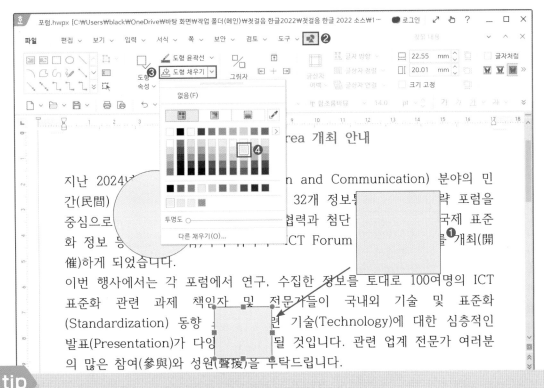

tip 도형 복사 방법 : Ctrl + 드래그는 도형을 원하는 위치로 복사하고, Ctrl + Shift + 드래그는 도형을 수평/수직으로 복사합니다.

1. 도형 테두리선을 없애고자 합니다. 한꺼번에 처리하기 위해 [편집] 탭에서 개체 선택(🔳) 아이콘을 클릭한 후, 마우스 포인터가 변경되면 세 개의 도형이 포함되도록 마우스를 드래그하여 선택합니다.

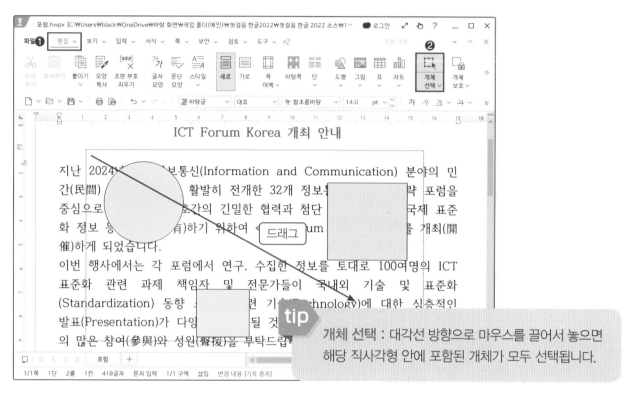

개체 선택 : 대각선 방향으로 마우스를 끌어서 놓으면 해당 직사각형 안에 포함된 개체가 모두 선택됩니다.

2. 세 개의 도형이 선택되면 [도형] 탭의 도형 속성(🔲) 아이콘을 클릭하고 [도형 속성]을 선택합니다. 나타난 [개체 속성] 대화상자에서 [선] 탭을 누른 후, '종류'를 없음으로 선택합니다.

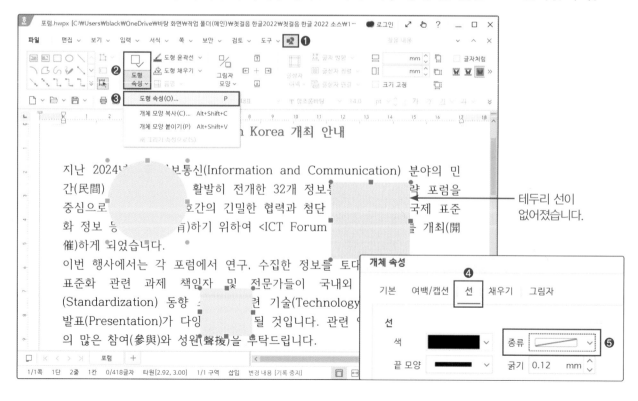

테두리 선이
없어졌습니다.

3. 계속해서 그림자 모양(⬚) 아이콘을 클릭하고 '오른쪽 아래'를 선택하여 도형에 그림자 효과를 입힙니다.

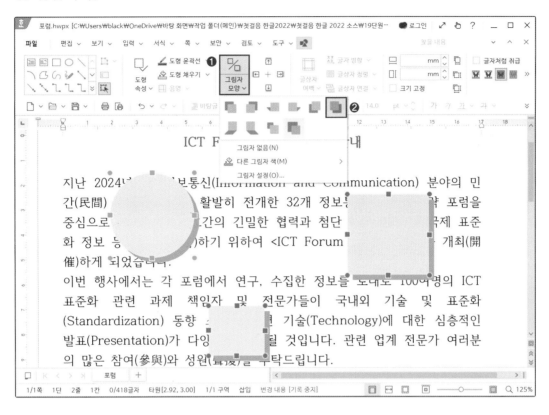

4. 마지막으로 [도형] 탭에서 글 뒤로(▤) 아이콘을 클릭하여 도형들을 본문 내용 뒤로 배치하여 완성합니다.

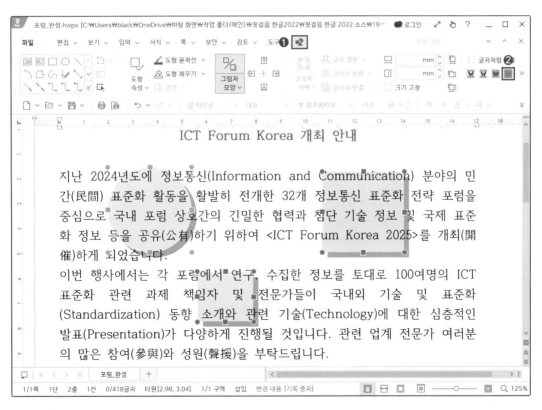

혼자 풀어보기

① '공예.hwpx' 파일을 불러와 임의 색상의 도형들을 글 뒤로 삽입해 보세요.

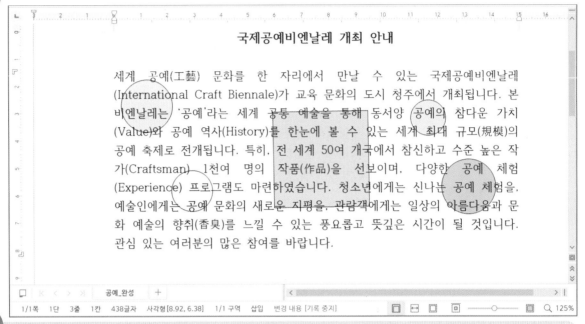

HINT 도형을 삽입하여 임의의 색과 크기를 각각 지정한 후, [도형] 탭에서 [글 뒤로] 아이콘을 클릭하여 본문 뒤로 배치합니다.

② 모든 도형의 선을 제거한 후, 정사각형은 그림자와 함께 주어진 대로 회전시켜 보세요.

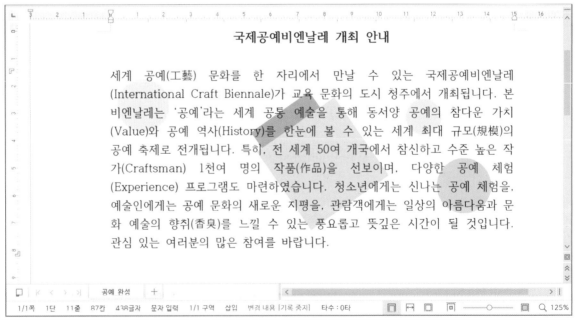

HINT 정사각형을 선택한 후, '작게'의 그림자 모양을 지정하고 [회전]–[개체 회전]을 선택하여 마우스로 드래그하여 회전시킵니다.

③ 도형과 가로 텍스트 상자를 이용하여 다음과 같이 문서를 만들어 보세요.

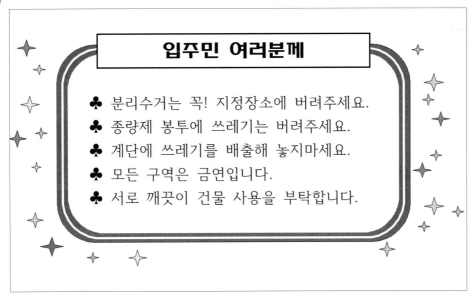

▲완성파일 : 분리수거_완성.hwpx

• [입력]-[도형]-[가로 글상자]를 이용하여 도형 내에 글을 표현합니다.
• 별 모양은 [입력]-[도형]-[다른 그리기 조각]을 클릭하여 나타난 [그리기 마당] 대화상자에서 [그리기 조각] 탭의 '별및 현수막'에서 '포인트가 4개인 별'을 삽입한 후 복사해서 만듭니다.

④ 도형과 가로 텍스트 상자, 글맵시를 이용하여 다음과 같이 문서를 만들어 보세요.

드림 어린이 집

원아모집

모집기간 : 2025. 1. 5 ~ 선착순
모집대상 : 0세 ~ 5세
프로그램 : 영어, 레고, 퍼포먼스, 숲체험
문의전화 : 02-1234-5678

▲완성파일 : 원아모집.hwpx

SECTION 20 그림 삽입과 편집하기

문서 내용에 그림을 삽입하면 딘순히 글자만 있을 때보다 시각적인 문서를 만들 수 있습니다. 여기에서는 원하는 그림을 삽입하고 다양하게 편집하는 방법에 대해 살펴봅니다.

1 그림 삽입하기

1. '강원도.hwp' 파일을 불러온 다음, 그림을 삽입하기 위해 [입력] 탭의 펼침(˅) 단추를 눌러 [그림]–[그림]을 클릭합니다.

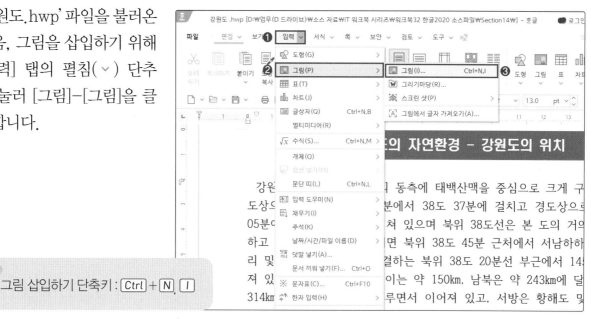

tip

그림 삽입하기 단축키 : Ctrl + N , I

2. [그림 넣기] 대화상자가 나타나면 다운받은 소스파일의 [20단원]에서 '강원도1.jpg' 파일을 선택하고 [열기] 단추를 누릅니다.

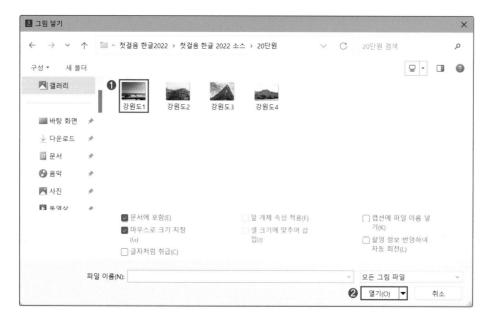

3. 마우스 포인터가 '+'로 바뀌면 그림이 삽입될 위치에서 적당한 크기로 드래그한 다음, 손을 떼면 그림이 삽입됩니다.

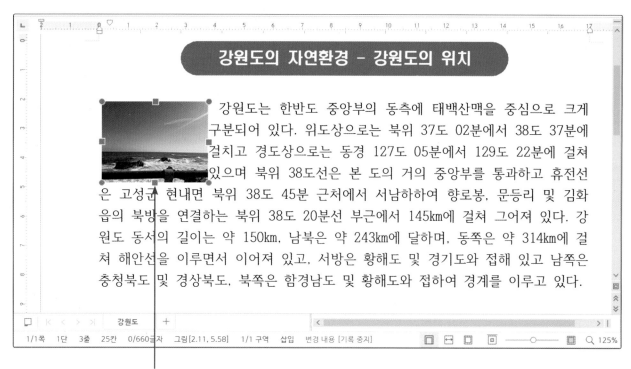

삽입된 그림이 글자와 너무 달라붙어 있어 약간의 여백을 주어 조절하기로 합니다.

4. 그림 속성을 설정하기 위해 그림을 선택한 후, 그림 위에서 마우스 오른쪽 단추를 클릭하여 나타난 단축 메뉴에서 [개체 속성]을 클릭합니다.

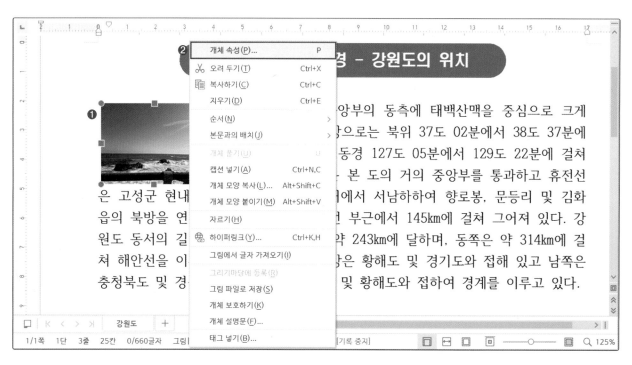

5. [개체 속성] 대화상자가 나타나면 본문과의 배치는 '어울림', 가로는 '종이'의 '왼쪽', 기준은 '20mm'을 입력합니다. 이어서 [여백/캡션] 탭에서 바깥 여백 오른쪽을 '3mm'로 지정하고 [설정]을 클릭합니다.

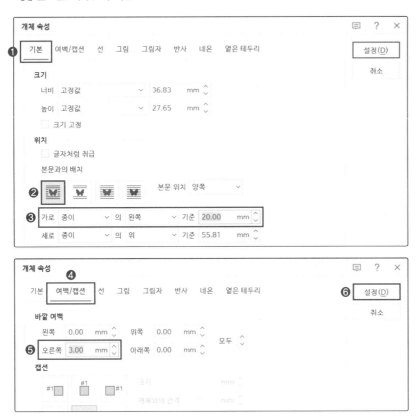

6. 오른쪽 하단에도 또다른 그림을 삽입하려고 합니다. 앞에서와 동일한 방법으로 처리해도 되지만 약간 다른 방식으로 처리할 예정입니다. 삽입한 그림을 Ctrl 키를 누른 상태로 드래그하여 복사합니다.

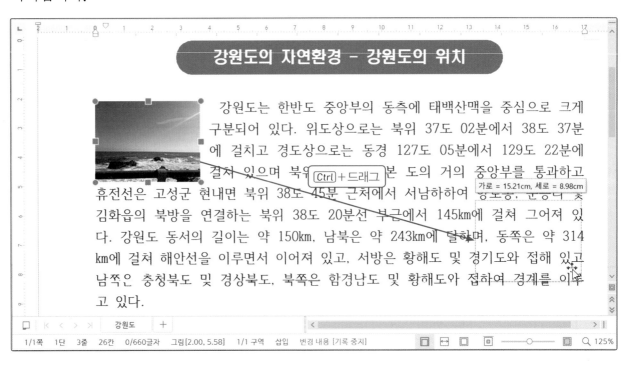

7. 복사한 그림을 선택한 상태에서 원본 이미지를 바꾸기 위해 [그림] 탭에서 [바꾸기/저장]−[그림 바꾸기]를 클릭합니다.

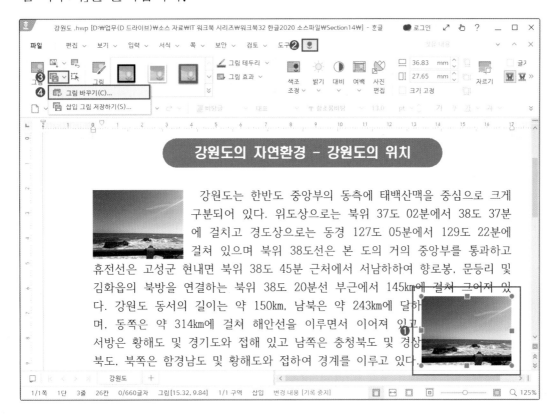

8. [그림 바꾸기] 대화상자에서 '강원도2.jpg'를 선택하고 [열기]를 클릭합니다. 마찬가지 방법으로 [개체 속성] 대화상자의 [기본] 탭에서 가로는 '종이'의 '오른쪽', 기준은 '20'을 입력하고, [여백/캡션] 탭에서 바깥 여백 왼쪽은 '3 mm', 오른쪽 값은 '0 mm'로 지정하고 [설정]을 클릭하여 완성합니다.

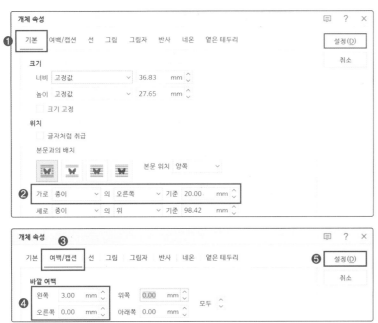

1. 그림을 보기좋게 꾸미기로 합니다. 첫 번째 그림을 선택한 다음, [그림] 탭에서 [그림 테두리]를 클릭하여 테두리 색은 '하양'을 선택합니다.

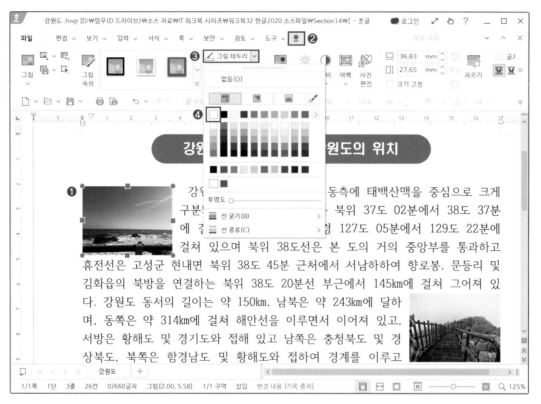

2. 다시 [그림 테두리]–[선 굵기]를 클릭한 다음, '2mm'를 선택하여 그림 테두리 두께를 설정합니다.

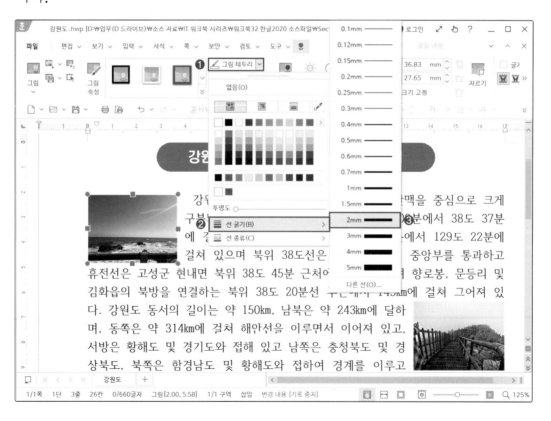

3. [그림] 메뉴 탭에서 [그림 효과]–[그림자]를 클릭한 다음, '오른쪽 대각선 아래'를 선택하여 그림에 그림자 효과를 설정합니다.

입체적으로 바뀌었습니다.

4. 동일한 방법으로 2번 째 그림도 변경하여 완성합니다.

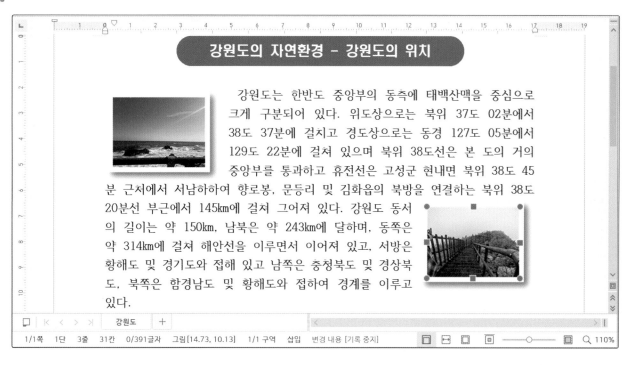

① 다음과 같이 내용을 입력하고 '토마토.jpg' 그림을 삽입해서 배치해 보세요.

파워푸드 슈퍼푸드
토마토

토마토는 우리말로 '일년감'이라 하며, 우리나라에서는 토마토를 처음에는 관상용으로 심었으나 차츰 영양가가 밝혀지고 밭에 재배하여 대중화되었다. 요즘은 비닐하우스 재배도 하여 일년 내내 먹을 수 있다. 　자료 출처 : 네이버 지식백과

▲완성파일 : 슈퍼푸드_완성.hwpx

② 다음과 같이 글맵시와 그림을 삽입하여 문서를 만들어 보세요.

세금포인트 온라인 할인
5% 쇼핑몰 Open

▲완성파일 : '할인_완성.hwp'로 저장해 보세요.

③ '이력서'hwpx' 파일을 불러와 다음과 같이 완성해 보세요.

이 력 서

	신청구분	강사		
	성명	김 도 린	연령	40세
	생년월일	1985. 11. 26	성별	여성
	SW전공	○	차량소지	○
	강의경력	□1년 미만 □1년 상~3년 미만 ■3년 이상 □없음	전공구분	□인문과학 □사회과학 □자연과학 □공학 □예체능 ■기타
	연락처	010-1234-5678	이메일	aaaaa@naver.com
	주소	서울시 송파구 성지로8 해피아파트 123동 1002호		

▲완성파일 : 이력서_완성.hwpx

· 삽입 이미지 : 증명사진.jpg

④ 그림과 표를 이용하여 다음과 같이 문서를 만들어 보세요.

코로나19 백신패스 시행
백신패스 없이는 안돼요!

지역 유행 차단	미접종자 보호강화	청소년 유행 차단
접종 여부 상관 없이 수도권 4인, 비수도권 6인	마스크 착용이 어려운 다중 시설(식당, 카페)에 백신패스 적용	총서년 유행 억제를 위해 백신패스 예외 범위를 11세 이하로 조정

▲완성파일 : 백신_완성.hwpx

· 삽입 이미지 : 백신.png

Start! 첫걸음
한글 2022 단계별 정복하기

2024년 7월 20일 1판 인쇄
2024년 7월 30일 1판 발행

펴낸이 | 김정철
펴낸곳 | 아티오
지은이 | 편집부
마케팅 | 강원경
표지 디자인 | 박효은
편집 디자인 | 이효정
전　화 | 031-983-4092~3
팩　스 | 031-696-5780
등　록 | 2013년 2월 22일
정　가 | 10,000원
홈페이지 | http://www.atio.co.kr
주　소 | 경기도 고양시 호수로 336 (브라운스톤, 백석동)